中国审判指导丛书

总第59辑(2017.1)

审判监督指导

景汉朝 孙华璞/主 编
最高人民法院审判监督庭 编

人民法院出版社

图书在版编目(CIP)数据

审判监督指导.2017年.第1辑:总第59辑／景汉朝,孙华璞主编;最高人民法院审判监督庭编．—北京:人民法院出版社,2018.11
（中国审判指导丛书）
ISBN 978-7-5109-2328-9

Ⅰ.①审… Ⅱ.①景… ②孙… ③最… Ⅲ.①审判-司法监督-中国 Ⅳ.①D926.44

中国版本图书馆 CIP 数据核字（2018）第 261292 号

审判监督指导　2017 年第 1 辑（总第 59 辑）

景汉朝　孙华璞　主编
最高人民法院审判监督庭　编

责任编辑	张　奎
出版发行	人民法院出版社
地　　址	北京市东城区东交民巷 27 号（100745）
电　　话	（010）67550673（责任编辑）　67550558（发行部查询） 65223677（读者服务部）
客服 QQ	2092078039
网　　址	http://www.courtbook.com.cn
E-mail	courtbook@sina.com
印　　刷	保定市中画美凯印刷有限公司
经　　销	新华书店
开　　本	787×1092 毫米　1/16
字　　数	238 千字
印　　张	14.25
版　　次	2018 年 11 月第 1 版　2018 年 11 月第 1 次印刷
书　　号	ISBN 978-7-5109-2328-9
定　　价	38.00 元

版权所有　侵权必究

《审判监督指导》编辑委员会

主　　任　夏道虎
副 主 任　姜　伟　虞政平　滕　伟　闫　燕
委　　员　（以姓氏笔画为序）

丁铁军　于　泓　于德江　尹秉文　王　波
王　钰　王学雷　王秋菊　王样国　冯文生
司明灯　田　锋　白志刚　白金城　石　炜
全克滨　刘士文　刘文华　刘宏伟　刘昌杰
孙祥壮　许一鸣　许寿辉　齐　素　何　抒
余　波　冷汉军　吴　艳　吴文华　宋　颖
张　勤　张　睿　张云龙　张代恩　张永明
张仲侠　张先科　张红菊　李　芹　李学军
李相波　李雪田　杨坦辉　杨智建　沈世所
沈建红　沈英明　苏学增　陈　佳　陈国进
陈建规　卓　玛　罗智勇　姜春艳　宫　斌
段　玲　胡志超　赵　伟　赵恒举　郝桂花
倪代化　凌　云　热依汉古丽　秦德平
贾新芳　郭志刚　崔文举　梁　文　章　润
喻德红　董　华　董朝阳　蒙洪勇　戴春林
魏开发　魏朝阳

执行编辑　孙祥壮

《审判监督指导》特约编辑

北京高院审监庭	陶志蓉	湖北高院审监二庭	王俊毅
天津高院审监庭	赵恒举	湖北高院审监三庭	袁正英
河北高院审监一庭	刘士文	湖南高院审监一庭	熊　洋
河北高院审监二庭	李俊杰	湖南高院审监二庭	谷国艳
山西高院审监一庭	翟瑞卿	湖南高院审监三庭	王　慧
山西高院审监二庭	李　智	广东高院审监庭	周定挺
内蒙古高院审监一庭	斯　琴	广西高院审监一庭	唐海波
内蒙古高院审监二庭	闫少波	广西高院审监二庭	陆洪鸣
辽宁高院审监一庭	张宇庭	海南高院审监一庭	张红菊
辽宁高院审监二庭	娄秀娟	海南高院审监二庭	王样国
辽宁高院审监三庭	张　铁	重庆高院审监庭	阎　强
辽宁高院审监四庭	夏　妍	四川高院审监一庭	何　利
吉林高院审监一庭	朴永刚	四川高院审监二庭	杨　杰
吉林高院审监二庭	刘　岩	贵州高院审监一庭	丁　辉
黑龙江高院审监一庭	郭延泽	贵州高院审监二庭	李　丽
黑龙江高院审监二庭	初　泽	云南高院审监一庭	王　涛
上海高院审监庭	王国新	云南高院审监二庭	唐美泉
江苏高院审监一庭	刘　振	西藏高院审监庭	刘海霞
江苏高院审监二庭	于　泓	陕西高院审监庭	王建敏
浙江高院审监庭	张静静	甘肃高院审监一庭	尹秉文
安徽高院审监庭	周晓冬	甘肃高院审监二庭	魏朝阳
福建高院审监庭	刘振宇	青海高院审监一庭	吴晓良
江西高院审监庭	李振峰	青海高院审监二庭	王　宁
山东高院审监一庭	李　军	宁夏高院审监庭	吴　艳
山东高院审监二庭	姜晓玲	新疆高院审监一庭	税成疆
河南高院审监一庭	史昶伟	新疆高院审监二庭	郝桂花
河南高院审监二庭	李惊耐	解放军军事法院审监庭	杨坦辉
河南高院减刑假释庭	张云龙	新疆高院兵团分院审监一庭	胡志超
湖北高院审监一庭	彭红杰	新疆高院兵团分院审监二庭	郭春祥

编者按

随着以解决"申诉难"为主要目的的 2007 年民事诉讼法再审程序修改,以及为全面完善我国民事诉讼法为目标的 2012 年立法修正中对民事再审程序修改的结束,我国民事诉讼法大规模修改已告一个段落。最高人民法院审判监督庭自 2000 年成立以来,一直探索着我国民事、刑事再审程序的现代化路径,期冀能够实际破解"申诉难",体现世界先进水平,在解决司法公正和效率方面贡献中国的法律智慧。在十余年参与立法以及制定司法解释过程中,我们得到了中国政法大学、清华大学相关教授的帮助和支持,收集到各国民事诉讼法典、刑事诉讼法典、行政诉讼法典,并将收集到的各国立法例及时向全国人大常委会法工委提供,以期在修改和完善我国民事再审程序时,提供参考和借鉴。

与此同时,修改和完善民事行政再审制度项目,还得到了联合国开发计划署、德国技术公司、日本国际协力组织等国际机构的资助、支持,最高人民法院还数次组团或参加全国人大的组团前往德国、法国、日本等国的司法机构、立法机关、法学院、律师协会考察,并在国内组织和参加过数次国际研讨会。这些考察学习、研讨探究,无疑拓展了我们的视野,并在立法和制定司法解释中有所体现。

伴随着我国建设社会主义法治国家进程的加快,民事、刑事、行政再审程序在司法适用中又面临很多新情况、新问题。在为解决这些新情况、新问题的过程中,若对他国相似的法律条文已经形成的经验财富视而不见或不加以利用,则是不明智的。为了便于广大法官、学者、专家等法律人进一步研究和推动我国再审制度法律规则的发展和完善,寻求各国相关法律规范中凝结的智慧以及丰富多彩的解决方案,促进我国再审制度更加适应我国本土资源,使其发挥程序应然的独立价值,进而确立我国再审程序法律制度在世界范围内的声誉,提供司法救济和纠错的中国方案,我们特将相关国家立法例以及考察报告等汇编成专辑,以飨读者。

本专辑的大体框架结构以及编辑思路有如下几点：

1. 主要内容上，大体可以分成两类：一是部分国家的民事、刑事、行政诉讼法中的再审程序编条文。尽量采用了最新版本或译本；一是最高人民法院以及全国人大法工委的出国考察报告以及学者在外研修中形成的成果。

2. 部分国家的立法例中，不仅有传统大陆法系国家的再审程序条文，还有英美法系国家的法律规范；此外，还编入我国台湾地区、澳门特别行政区的相关规定，以及苏联和东欧国家的再审法律规范。

3. 考察报告以及专题学术论文中，主体是最高人民法院以及全国人大法工委的出国考察报告，以及相关国际研讨会中国外学者提供的材料、研讨会综述；还包括相关学者出国访学后的研究成果。

4. 注重学术规范。相关国家再审程序条文，均注明了出处。原文有作者信息的，均予以了标注。

在收集本专辑材料过程中，我们得到全国人大法工委、最高人民法院相关庭室人员的大力支持，在此一并表示感谢！

2018 年 10 月

目 录

【域外再审制度规范】

德国民事诉讼法
　　（2011年11月24日修改） ………………………………（1）
德国刑事诉讼法
　　（1994年10月28日修改） ………………………………（5）
联邦德国行政法院法
　　（1960年1月21日颁布） ………………………………（9）
法国民事诉讼法 ……………………………………………（10）
法国刑事诉讼法 ……………………………………………（18）
法国最高行政法院组织法令 ………………………………（21）
法国行政诉讼法典（法律篇）……………………王敬波（23）
日本民事诉讼法 ……………………………………………（25）
日本刑事诉讼法 ……………………………………………（28）
日本行政案件诉讼法
　　（2004年法律第84号） …………………………………（32）
美国联邦民事诉讼规则
　　（2007年12月1日修改） ………………………………（33）
美国联邦刑事诉讼规则 ……………………………………（37）
苏联民事诉讼法典 …………………………………………（38）
俄罗斯联邦民事诉讼法 ……………………………………（44）
俄罗斯联邦刑事诉讼法典 …………………………………（51）
台湾地区"民事诉讼法"
　　（2007年更新） …………………………………………（61）
台湾地区"刑事诉讼法" ……………………………………（65）
台湾地区"行政诉讼法" ……………………………………（69）

澳门民事诉讼法典 ……………………………………………… (73)
澳门刑事诉讼法典 ……………………………………………… (77)
澳门特别行政区行政诉讼法典（节选）
　　（法令第110/99/M号） ……………………………………… (81)
意大利刑事诉讼法
　　（1988年9月22日通过） …………………………………… (83)
1980年英国治安法院法 ………………………………………… (88)
1995年英国刑事上诉法
　　（1995年6月19日） ………………………………………… (90)
南斯拉夫行政诉讼法（节选）
　　（1976年12月4日） ………………………………………… (109)
国际法院再审制度简介 ………………………………………… (114)

【域外再审制度研究】

德国的再审制度
　　（法工民字〔2006〕24号） ………………………………… (115)
理念定位·制度构架·改革建言
　　——民事再审理论与实务国际研讨会综述 ……………… (121)
考察法、德两国民事再审制度的报告
　　……………………………… 最高人民法院再审制度考察团 (133)
考察德国匈牙利民事再审制度的报告 ………………………… (140)
"民事诉讼程序与再审制度"专题团赴德国考察总结报告 …… (147)
德国民事再审程序的建构 …………………………… 周　翠 (169)
美国法院纠正错误终局判决制度 ……………………………… (186)
日本民事再审程序 ……………………………………………… (191)
关于日本民诉法第三审和再审的相关问题 ………… 池田辰夫 (193)
中日民事诉讼法国际研讨会简报 ……………………………… (201)
日本的中间判决和再审制度 …………………………………… (204)
日本民事诉讼再审的有关情况 ………………………………… (207)
法国的强制执行和最高法院的再审制度 ……………………… (212)
韩国民事诉讼法的有关情况 …………………………………… (215)

【域外再审制度规范】

德国民事诉讼法[*]

（1877年1月30日颁布
1950年9月12日文本
最后一次修改：2011年11月24日）

第四编 再 审

第578条 再审的种类

1. 对于已生既判力的判决而终结的诉讼程序，可以通过无效之诉与通过回复原状之诉而进行再审。

2. 两种诉讼由同一当事人或由不同的当事人提起时，关于回复原状之诉的辩论和裁判，至对无效之诉作出有既判力的裁判前予以中止。

第579条 无效之诉

1. 在下列诸情形，可以提起无效之诉：

（1）判决的法院未曾按规定组成；

（2）依法不得行使法官职务的法官参与了裁判，但以回避申请或以上诉而主张的回避未得准许的除外；

（3）尽管法官因有偏颇之虑而被申请回避，而且回避申请被宣告为有理由的，但该法官仍参与了裁判；

（4）当事人一方在诉讼中未依法律的规定而被代理，但当事人明示或默示地允可的诉讼实施除外。

---

[*] 节选自《德国民事诉讼法》，周恒祥译，德国技术公司提供。

2. 在第（1）项与第（3）项的情形，如当时可以通过上诉而主张原裁判无效的，不能提起无效之诉。

第 580 条　回复原状之诉

在下列诸情形，可以提起回复原状之诉：

（1）对方当事人通过对判决所基于的陈述进行宣誓，犯有故意或过失违反宣誓义务的行为；

（2）判决所基于的文书是伪造或篡改的；

（3）在作判决所基于的证言或鉴定时，证人或鉴定人犯有违反真实义务的违法行为；

（4）判决由当事人的代理人，或由对方当事人或由其代理人通过犯有与诉讼有关的罪行而造成；

（5）参与判决的法官犯有与诉讼有关的、不利于当事人的违反法官职务义务的违法行为；

（6）判决所基于的某普通法院、某原特别法庭或某行政法院的判决，已由另一有既判力的判决所撤销；

（7）当事人

a）发现有一项就同一案件作出的，早就产生既判力的判决，或者

b）发现或能利用另一份可使自己得到有利裁判的文书；

（8）欧洲人权法院确认了对《欧洲保护人权与基本自由公约》或其议定书的违反，而［回复原状之诉］针对的判决是基于这一违反的。

第 581 条　回复原状之诉的特别要件

1. 在前条第（1）项至第（5）项的情形，仅在由于犯罪行为才得到有既判力的判决，或出于欠缺证据之外的原因而不能开始或进行刑事诉讼程序时，才能提起回复原状之诉。

2. 对说明回复现状之诉有理由的事实，不可通过申请讯问当事人去进行证明。

第 582 条　回复原状之诉的救济性质

回复原状之诉，仅在当事人非因自己的过失而不能在前诉讼程序中，特别是不能通过异议或控诉或不能用附带控诉主张回复原状的理由时，才准许提起。

第 583 条　先行裁判

随着再审之诉的提起，可以主张涉及被声明不服判决之前由同一或下

一审级作出的裁判的撤销理由，但以被声明不服的判决基于这一裁判为限。

第 584 条 对无效之诉与回复原状之诉的专属管辖

1. 对再审之诉专属管辖的法院是：作出第一审判决的法院；被声明不服的判决或数个被声明不服的判决中的一个，是由控诉法院作出，或对上告审作出的判决根据第 580 条第（1）项至第（3）项、第（6）项、第（7）项声明不服时，该控诉法院；上告审作出的判决根据第 579 条、第 580 条第（4）项与第（5）项被声明不服时，该上告法院。

2. 再审之诉针对的是执行决定时，该诉讼专属于对诉讼程序的裁判本该有管辖权的法院管辖。

第 585 条 一般的程序原则

对于提起再审之诉以及之后的程序，除本法作不同的规定外，相应适用一般的规定。

第 586 条 诉之期间

1. 再审之诉应在一个月的不变期间届满前提起。

2. 期间始于当事人知悉不服理由之日，但不始于判决产生既判力之前。自判决产生既判力之日起满五年后，不容许提起再审之诉。

3. 前款的规定不适用于因缺乏代理而提起的无效之诉；此时提起诉讼的期间，始于判决送达于当事人之日，在当事人缺乏诉讼能力时，始于送达于其法定代理人之日。

4. 第 2 款第 2 句的规定不适用于依第 580 条第（8）项的回复原状之诉。

第 587 条 诉状

诉状中须包含无效之诉或回复原状之诉所针对的判决的名称，以及关于提起何种诉讼的表示。

第 588 条 诉状的内容

1. 作为准备书状，诉状应该包含以下内容：

（1）撤销理由的名称；

（2）就表明起诉理由与遵守不变期间的事实，说明证据手段；

（3）关于在何种程度申请废除被声明不服的判决以及在本案中申请何种另外裁判的表示。

2. 提起回复原状之诉所递交的书状，应附具该诉所根据的文书的原件或副本。文书不在原告手中时，他应说明为取得文书打算提出何种申请。

第 589 条 适法性审查

1. 法院应依职权审查，起诉本身是否容许，是否以法定方式并在法定期间内提起。欠缺这些要件之一时，应以起诉为不适法而驳回之。

2. 表明诉讼是在不变期间届满前提起的事实，应予疏明。

第 590 条 新的辩论

1. 对由撤销理由所涉及的本案，应进行新的辩论。

2. 法院可以命令，在对本案辩论前，先对再审的理由与适法性为之辩论与裁判。在此情形，关于本案的辩论视为关于再审之诉理由与适法性的辩论的续行。

3. 对再审之诉具有管辖权的上告法院，应了结关于再审之诉理由和适法性的辩论，即使这种了结取决于对有争执的事实的确认和评断。

第 591 条 上诉

只要完全容许对处理各种诉的法院所作出的裁判提起上诉，上诉即为适法。

德国刑事诉讼法*

(1994年10月28日修改颁布
1994年12月1日生效)

第四编 对以确定判决结束的程序再审

第三百五十九条 [有利于受有罪判决人的再审] 有下述情形之一时，准许对受有罪判决人有利地重新开始已经以发生法律效力的判决结束的程序：

1. 审判时作为真实证书对受有罪判决人不利地出示的证书，是伪造或者变造的；

2. 证人、鉴定人犯有故意或者过失违反宣誓义务，或者故意作出违背誓言的虚假陈述之罪，对受有罪判决人不利地作了证词、鉴定；

3. 参与了判决的法官、陪审员，在与案件有关的问题上犯有不是由受有罪判决人所引起的、可处罚的违反其职务义务的罪行；

4. 作为刑事判决依据的民事法庭判决，已被另一发生了法律效力的判决所撤销；

5. 得到新的事实、证据，仅根据这些事实、证据，或者将它们与先前收集的证据相结合，使得有理由宣告被告人无罪，或者对他适用较轻的刑法从而判处轻一些的处罚或者科处完全不同的矫正及保安处分。

第三百六十条 [不停止执行] （一）提请再审申请时，不影响判决的执行。

（二）但是法院可以决定延期执行或者中断执行。

第三百六十一条 [执行、死亡不阻却申请] （一）处罚已经执行或

---

* 节选自《德国刑事诉讼法典》，李昌珂译，中国政法大学出版社1995年版。

者受有罪判决人已经死亡，均不阻却提请申请再审。

（二）在死亡情况中，死者的配偶、直系和旁系亲属以及兄弟姐妹均有权申请再审。

第三百六十二条　［对被告人不利地再审］（一）有下述情形之一时，准许对受有罪判决人不利地重新开始已经以发生法律效力的判决结束的程序：1. 审判时作为真实证书对受有罪判决人有利地出示的证书，是伪造或者变造的；2. 证人、鉴定人犯有故意或者过失违反宣誓义务，或者故意作出违背誓言的虚假陈述之罪，作出对受有罪判决人有利的证词、鉴定；3. 参与了判决的法官、陪审员，在与案件有关的问题上犯有应处罚的违反其职务义务的罪行；4. 被宣告无罪人在法庭上、法庭外作了值得相信的犯罪行为自白。

第三百六十三条　［不准许］（一）提请再审时，不准许追求在同一法规基础上达到变更量刑的目的。

（二）同样，不准许为了减轻责任能力（《刑法典》第二十一条）而达到减轻处罚的目的的要求再审。

第三百六十四条　［主张犯罪行为］主张犯罪行为而提出再审申请的时候，只有在对该行为作了确定有罪判决条件下，或者在由于非缺少证据方面的其他原因未能启动、实施诉讼程序条件下，才准许申请。此规定不适用于第三百五十九条第五项的情况。

第三百六十四条 a　［指定辩护人］根据案件、法律情况的复杂性，认为有辩护人参加之必要时，负责在再审程序中作裁判的法院可以依声请为没有辩护人的受有罪判决人指定一名再审程序辩护人。

第三百六十四条 b　［指定辩护人参加准备］（一）有下述情形之一时，负责在再审程序中作裁判的法院可以依声请为没有辩护人的受有罪判决人在再审程序准备期间指定一名辩护人：1. 有足够的事实方面依据，认为进行一定的调查可以得出有理由准许申请再审的事实、依据；2. 根据案件、法律情况的复杂性，认为有辩护人参加之必要；和 3. 受有罪判决人无能力自己花钱委托辩护人，同时又不使维持自己、家庭生活的必要费用不受到影响。已经为受有罪判决人指定了辩护人的时候，依声请法院以裁定认定第一句第一至三项的前提条件已经成立。

（二）对于认定第一款第一句第三项前提条件的程序，参照适用《民事诉讼法》第一百一十七条第二款至四款、第一百一十八条第二款第一、

二、四句的规定。

第三百六十五条 ［对申请的通则规定］关于法律救济的通则规定也适用于再审申请。

第三百六十六条 ［申请内容、形式］（一）申请时必须说明申请再审的法定理由以及证据。

（二）被告人和第三百六十一条第二款中所指的人员，提出申请时只能用有辩护人或者律师签名的书状或者用口头由法院书记处作笔录。

第三百六十七条 ［法院管辖权；程序］（一）法院对再审程序的管辖权以及对准备再审程序的申请的裁定权，按照《法院组织法》的特别规定而定。受有罪判决人也可以向作出被声明不服的判决的法院提出第三百六十四条 a、第三百六十四条 b 所提示的申请或者提出提请准予再审的申请；该法院将再审申请转交有管辖权的法院。

（二）裁定第三百六十四条 a、第三百六十四条 b 所提示的申请和提请准予再审的申请时，不必经过言词审理。

第三百六十八条 ［不准许而驳回］（一）对没有依照规定形式、说明请求再审的法定原因、提出适当证据的申请，应当作为不准许而驳回。

（二）在其他情形下，要将申请向申请人对方当事人送达，规定出答辩期限。

第三百六十九条 ［对申请进行证据调查］（一）对申请准许以后，法院在必要时委托一名法官调查提出的证据。

（二）是否要对证人、鉴定人宣誓询问，由法院依裁量而定。

（三）询问证人、鉴定人以及作法官勘验时，应当允许检察院、被告人和辩护人在场。参照适用第一百六十八条 c 第三款、第二百二十四条第一款和第二百二十五条的规定。不能自由行动的被告人，如果询问不是在他的在押地属地法院进行，他的参加也无助于调查证据查清案情的，无权请求在场。

（四）证据调查完毕后，要求检察院、被告人在规定的期限进一步发表意见。

第三百七十条 ［裁定申请］（一）对提请准予再审的申请中所作的主张未能取得足够的证实，或者在第三百五十九条第一、二项或者第三百六十二条第一、二项情形中根据案情不可能估计这些条文所称行为对裁判曾有所影响的时候，可以不经言词审理，将再审申请作为无理由而驳回。

7

（二）在其他情形下，法院应当命令重新开始程序，重新审判。

第三百七十一条 ［**不经审判宣告无罪**］（一）受有罪判决人已经死亡的，法院不必重新审判，而是在作可能还有必要的证据调查后或者作无罪判决，或者对再审申请予以拒绝。

（二）在其他情况中，如果对此已经有足够的证据的，法院也可以立即宣告受有罪判决人无罪，但在公诉情况中应当经检察院同意。

（三）宣告无罪时，同时要撤销原判决。原来仅判处了矫正及保安措施的，以撤销原判决代替宣告无罪。

（四）依申请人要求，撤销原判决时应当在联邦公报上公布，也可以依法院的裁量在其他报刊上公布。

第三百七十二条 ［**立即抗告**］对第一审法院作出的所有有关再审申请的裁判，不服时可以立即抗告。对法院决定重新开始程序、重新审判的裁定，检察院不得要求撤销。

第三百七十三条 ［**重新审判后的判决；再审不加刑**］（一）在重新审判中，应当是或者维持原来判决，或者撤销原判对案件另作裁决。

（二）仅由受有罪判决人，或者为了他的利益由检察院或者他的法定代理人提请再审的时候，对于原判决在法律对行为的处分种类、刑度方面，不允许作不利于受有罪判决人的变更。此规定与移送精神病院、戒瘾所命令不相抵触。

第三百七十三条 a ［**处罚令程序**］（一）如果得到新的事实或者证据，仅依据这些事实、证据或者将它们与先前的证据相结合，使得认为有理由对罪行作有罪判决的时候，也准许对受有罪判决人不利地重新开始已经以发生法律效力的处罚令结束的程序。

（二）除此之外，对于重新开始已经以发生法律效力的处罚令结束的程序，参照适用第三百五十九至第三百七十三条的规定。

联邦德国行政法院法

(1960年1月21日颁布
根据1998年5月1日公布的德文版翻译)

第十五节 再审

第153条（再审）

1. 对于以确定的具既判力的判决，可根据民事诉讼法第四编提起再审。

2. 公益代表人也有权提起无效之诉及回复原状之诉，在联邦行政法院作为一审及终审法院时，联邦行政法院检察官也拥有该权限。

法国民事诉讼法*

第十六编 上诉途径
第三副编 非常上诉途径

第579条 经非常途径提起的上诉以及为提起此种上诉而设置的期间，并不中止判决执行，法律另有规定者，不在此限。

第580条 非常上诉途径，仅对法律有规定的情形设立之。

第581条 提出上诉是以推迟诉讼为目的或者滥行上诉，对上诉人得科处100法郎至10000法郎之罚款，且不影响请求受理上诉的法院判处损害赔偿。

第一章 第三人异议

第582条 第三人提出取消判决的异议是指，攻击判决的第三人为其本人利益，请求撤销判决或请为改判之。

第三异议，对提出该异议的第三人，是指对其攻击的已判争点提出异议，使之在法律上与事实上重作裁判。

第583条 任何于其中有利益的人，均允许提出第三人异议，但以该人在其攻击的判决中既不是当事人，也未经代理进行诉讼为条件。

但是，一方当事人的债权人与其他权利继受人，对妨害其权益的判决，或者如其提出自有之理由，亦可提出第三人异议。

非诉案件，仅有未受判决通知的第三人，始准许提出第三人取消判决的异议；（1981年5月12日第81-500号法令）对终审判决，即使是已向其通知判决的人，亦允许提出第三人异议。

---

* 节选自《法国新民事诉讼法典》，罗结珍译，中国法制出版社1999年版。

第 584 条　在对判决的多数当事人为不可分之诉时，仅在所有的当事人均受召唤到案的情况下，第三人异议始予受理。

第 585 条　任何判决，均准许提出第三人取消判决的异议，法律另有规定时除外。

第 586 条　第三人取消判决的异议，作为本诉讼请求，在 30 年期间均可提出；期间自判决之日起开始计算，法律另有规定者除外。

对受到在另一诉讼过程中提出的判决损害的人可以无时间限制提出第三人取消判决的异议。

争讼案件，已经受到判决通知的第三人，仅在此项通知起 2 个月内提出第三人取消判决的异议，始予受理；但如判决通知中明确指出了第三人享有的期限以及可以提出上诉的方式，则不在此限。（1981 年 5 月 12 日第 81－500 号法令）非讼案件，如终审判决已为通知，亦同。

与第 586 条不同的特别规定主要在以下方面：

——裁判分别财产，期间为一年（第 1298 条）；

——对变更夫妻财产制的裁判认可，期间为一年（第 1303 条）；

——裁判重整与裁判清算，期间为 10 天（1985 年 12 月 27 日第 85－1388 号法令）；

——公司之无效（1967 年 3 月 23 日第 67－236 号法令）；

——在公司的名称中保留已去世的参股人的姓名，期间为一年（1968 年 11 月 29 日第 68－1082 号法令）。

第 587 条　第三人以本诉请求对判决提出异议，应当向作出受到攻击的判决的法院提出；对第三人提出的异议，得由同一司法官作出裁判。

第三人对非讼案件所作的判决提出异议，依争讼案件之程序规则审理与裁判。

第 588 条　对法院受理的争议提出的附带的第三人异议，如该法院是作出判决的法院的上级法院，或者如该法院是同级法院，没有任何具有公共秩序性质的管辖权规则相抵触，附带异议得由受理争议的法院裁判之；在此情况下，第三人异议，按附带诉讼请求之相同方式提出。

其他情形，附带提出的第三人异议，经本诉讼途径，向作出判决的法院提出。

第 589 条　收到提交的被攻击之判决的法院，视案情，得对第三人提出的异议不予理睬，或者推迟裁判。

第590条　受理以本诉讼请求或者以附带诉讼请求提出的第三人异议的法院，得中止执行受到攻击的判决。

第591条　确认第三人异议成立的裁判决定，仅就有损该第三人利益的争点，撤销或改判受到攻击的判决；在当事人之间原判决仍保留其效力，甚至已被撤销的争点，亦仍有效力。

但是，有关第三人异议的既判事由，仅在依第584条之规定对所有当事人进行召唤之后，始对所有当事人具有既判力。

第592条　就第三人异议所作的判决，得如同对作出此种判决的法院的裁判决定，提出同样的上诉。

第二章　申请再审

第593条　申请再审，旨在请求撤销已经发生既判力的判决，① 以期在法律上与事实上重新作出裁判。

第594条　再审申请，仅能由作为原判决当事人的人或由委托代理人进行诉讼的人提出。

第595条　再审申请仅能以下列理由提出：

1. 如原判决作出后，发现该判决是由对其有利于的一方当事人欺诈所致；

2. 如原判决作出后，发现由于一方当事人所为，一些具有决定性作用的文件、字据被扣留而未提出；

3. 如发现判决系以其作出后经认定或经裁判宣告属于伪造的文件、字据为依据；

4. 如发现判决系以其作出后经裁判宣告为伪证的假证明，假证言、假宣誓为依据。

在所有情况下，仅在提出再审申请的人自己无过错，未能在原裁判决定产生既判力以前提出其援用的理由时，再审申请始予受理。

第596条　提出再审申请的期限为两个月。

---

① 原则上，可以针对其提出再审之诉的判决是很广泛的，无论作出判决的法院为何性质，也不论是何性质的判决，均可提出再审之诉。也就是说，大审法院、商诉法院、初审法院、商事法院、劳资纠纷仲裁法庭、农村契约对等法庭、社会保险事务法庭的判决、均可提出再审之诉。但对紧急审理裁定不得提出再审之诉，因为紧急审理裁定"在有新的情形"时，得经另一途径撤销或变更。——译者注

期间自当事人了解其可援用的再审理由之日起开始计算。

第 597 条　受到攻击的判决的各方当事人，均应由提出再审申请的人召唤参加再审诉讼，否则再审之诉不予受理。

第 598 条　再审申请以法院传票提出。

但是，如对在作出判决的同一法院相同当事人之间进行的另一诉讼所作判决提出再审申请，再审申请依对提出辩护理由所规定的形式提出。

第 599 条　如一方法事人已经或准备对系属于作出判决的法院以外的法院提出再审申请，受理作出该判决之诉讼的法院，可以视案情，不予理睬或者延期裁判，直至有管辖权的法院对再审申请作出裁判。

第 600 条　再审申请应当报送检察院。

第 601 条　如法官宣告再审申请可予受理，得以同一判决对争议之实体作出裁判，但如有必要补充进行审前准备，不在此限。

第 602 条　如仅对原判决的某一争点提出再审申请，仅对该争点进行再审，但如其他争点有待于此，不在此限。

第 603 条　一方当事人不得对其已经经再审途径提出攻击的判决请求再审，但如因后来发现的原因提请再审，不在此限。

对再审之诉作出的判决，不得经此途径攻击之。

第三章　向最高司法法院提起上诉

（1979 年 11 月 7 日第 79—941 号法令）

第 604 条　向最高司法法院提起上诉旨在请求最高法院对受到攻击的判决不符合法律规则进行审查。

第一节　最高司法法院上诉的设置

第 605 条　仅对终审判决，始得向最高司法法院提出上诉。

第 606 条　主文仅对本诉讼一部作出裁判并命令审前预备措施或临时措施的判决，如同就本诉讼之全部作出的终审判决，得向最高司法法院提出上诉。

第 607 条　就程序上的抗辩、不受理或其他附带事件作出裁判并且终止诉讼的终审判决，亦得向最高司法法院提出上诉。

第 608 条　其他终审判决，仅在法律特别规定的情形，始得独立于实体上的判决，向最高司法法院提出上诉。

第 609 条　于其中有利益的任何当事人，均可向最高司法法院提出上诉，即使对其不利的处分也并不有利于对方当事人。

第 610 条　非诉案件，即使没有对方当事人，向最高司法法院提出上诉得予受理。

第 611 条　争诉案件，即使原判决的处罚性宣告是利于或不利于并非诉讼当事人的人，向最高司法法院提出上诉，得予受理。

第 612 条　向最高司法法院提出上诉的期限为 2 年，另有规定者除外。

第 613 条　对于缺席作出的裁判决定，向最高司法法院提出上诉的期限，自对缺席判决的异议不得再予受理之日起，开始计算。

第 614 条　向最高司法法院提出附带上诉，甚至是由此引起的上诉，依有关附带上诉之规则，但以第 1010 条之规定为保留条件。

第 615 条　在对多数当事人是不可分之诉的情况下，一当事人向最高司法法院提出上诉，对其他当事人产生效力，即使其他当事人并未在最高司法法院参加诉讼。

相同情形，针对一当事人向最高司法法院提出上诉。仅在其他当事人均受到召唤时，始予接受之。

第 616 条　在依据第 463 条与第 464 条之规定判决可予更正时，于这些条款规定的情况下，仅允许就更正事由所作的判决，向最高司法法院提出上诉。

第 617 条　在向基层法院以案件产生既判力为依据，提出不受理请求但未产生结果时，得援用判决冲突之理由。

第 618 条　在两项裁判决定，即使并非终审判决，相互抵触并且对其中任何一项决定均不能经普通途径上诉时，尽管有第 605 条规定，亦可援用判决冲突之理由。

在此场合，向最高司法法院提出上诉得予受理，即使对其中一项裁判已经向最高司法法院提出上诉，并且该上诉已被驳回，仍得援用判决冲突之理由。

第 618—1 条　（1981 年 5 月 12 日第 81-500 号法律）驻最高司法法院总检察长，为法律之利益，拟将某一判决提交最高司法法院审查时，得要求作出判决的法院的检察院向诸当事人进行此项通知。通知由法院书记员以挂号信并要求回执为之。

第二节　向最高司法法院提出上诉的效力

第 619 条　新的诉讼理由在最高司法法院不予受理。

但是，下列理由仍可第一次在最高司法法院援用，另有规定者除外：

1. 纯属法律上的理由；
2. 由受到攻击的裁判决定所产生的理由。

第 620 条　最高司法法院得以纯属法律上的理由替代有错误的理由，驳回上诉。

最高司法法院亦可不考虑多余的法律上的错误理由，驳回上诉。

最高司法法院得依职权提出纯属法律上的理由，撤销受到攻击的裁判决定，有相反规定者除外。

第 621 条　如向最高司法法院提出的上诉被驳回，提出上诉的当事人不得针对同一判决向最高司法法院再行提出上诉，但第 618 条所指情况，不在此限。

在最高司法法院确定其已经终止管辖，宣告上诉不受理，或者宣告上诉人失权时，亦适用前款规定。

（1986 年 3 月 14 日第 86－585 号法令）在第 1010 条规定的期限之内，没有向最高司法法院对受到攻击的判决提出附带上诉或引起之上诉的被告，不得再以本诉请求就该判决向最高司法法院提出上诉。

第 622 条　对最高司法法院作出的判决，不允许提出缺席判决异议。

第 623 条　撤销原判得为一部撤销，或为全部撤销。

如仅撤销判决中可与其他事由分离的事由，即为一部撤销。

第 624 条　最高司法法院所进行与其撤销原判之判决相关的审查，限于构成撤销原判之基础的理由，但是，必要的不可分之诉或关联之诉，不在此限。

第 625 条　相对于被最高司法法院撤销的原判争点而言，各当事人重新处于被撤销的判决以前的状态。

最高司法法院撤销原判，不需另作新的判决，其产生之结果引起属于对被撤销的判决的适用、执行与结果的任何决定均被撤销，或者引起与被撤销的判决有必要关联的任何决定均被撤销。

第 626 条　如《法院组织法典》第 131－4 条所规定：在撤销原判的情况下，案件发交与做出被撤销之判决的法院同性质的另一法院，或者发交同一法院由不同司法官组成的法庭重新审理。

第 627 条 如《法院组织法典》第 131－5 条所规定：在最高司法法院撤销原判并不引起应重新进行实体裁判时，最高司法法院得撤销原判，不将案件发回重审。

在案件的事实已由基层法官独立认定与评判，从而可以由最高司法法院适用适当的法律规则时，最高司法法院也可以撤销原判决，不发回重审，并终止争议。

在此情况下，最高司法法院对在基层法院进行诉讼的有关费用负担作出裁判。

最高司法法院的判决即告可予强制执行。

第 628 条 （1985 年 12 月 17 日第 85－1330 号法令）向最高司法法院提出上诉的原告败诉，经认定属滥诉之情形，得科以民事罚款，罚款数额不超过 120000 法郎，以及得在相同的数额之内，向被告支付赔偿金。

第 629 条 （1985 年 12 月 17 日第 85－1330 号法令）在不妨碍执行第 700 条之规定的情况下，最高司法法院得规定由败诉当事人以外的其他当事人负担诉讼费用之全部或一部。

第 630 条 最高司法法院的裁判决定即告对罚款、赔偿金与诉讼费用的支付得予强制执行。

第 631 条 在受移送的法院，案件审理从最高司法法院的撤销原判的判决并未破毁的诉讼阶段恢复进行。

第 632 条 各方当事人得援用新的理由，以支持他们的诉讼请求。

第 633 条 提出新的诉讼请求是否受理，依原判决被撤销的法院应当适用的规则认定。

第 634 条 当事人不提出新的诉讼理由或新的诉讼请求时，视其仅限于在原判决被撤销的法院已经提出的那些理由或请求。不出庭的当事人，亦同。

第 635 条 第三人参加诉讼，适用在裁判决定被撤销的法院参加诉讼所适用的规则。

第 636 条 在裁判决定被撤销的法院原为诉讼当事人的人，未在最高司法法院作为当事人时，如最高司法法院撤销原判决损及其权利，得受召唤参加新的诉讼，或者自愿参加新的诉讼。

第 637 条 前条所指之人，得依相同条件，自行向受移送法院提出其诉讼请求。

第 638 条 案件由受移送法院从法律上与事实上进行重新审判,但最高司法法院撤销原判的判决中并未损及的争点,不在此限。

第 639 条 受移送法院,对在基层法院所产生的全部费用,其中包括与被撤销的裁判决定有关的费用负担,作出审理决定。

法国刑事诉讼法*

第三卷 非常上诉途径
第二编 申请再审

第六百二十二条 （1989年6月23日第89—431号法律）有下列情况之一，任何人可以为任何被判定犯有重罪或轻罪的人对已确定的刑事判决进行申诉：

1. 在判处杀人罪以后，有足够的证据证明所认定的被杀的人仍然存活；

2. 在判决一项重罪或轻罪以后，对同一案件事实又作出另一新的裁定或判定，对另一被告人定罪判刑，而这两个判决不能统一并存，其矛盾证明其中有一名被判罪人是无辜的；

3. 在定罪以后，证人之一被追诉并判定对被告人犯有伪证罪；因此，在新的审理中被判罪的证人，不得再行作证；

4. 在定罪以后，以提供或揭发出原判决法院在审理时所不知悉的新的事实或证据，足以对被判罪人是否有罪产生怀疑。——自1989年10月1日起生效。

第六百二十三条 （1989年6月23日第89—451号法律）复核申请由下列人员提出：

1. 司法部长；

2. 被判罪人，如为无行为能力人，由其法定代理人；

3. 在被判罪人死亡或者被宣告死亡以后，由其配偶、儿女、父母及其全部继承人或全额继承人，或者其明示委托者。

---

* 节选自《法国刑事诉讼法典》，余叔通、谢朝华译，中国政法大学出版社1997年版。

复核申请应当送交最高法院全体会议指派的一个由五名法官组成的委员会，选举刑事审判庭的法官担任主席。另外，依照同样方式指派五名候补委员。检察院职权由附设于最高法院的总检察长行使。

在直接进行或委托人员进行各项必要的调查、听证、对质、核实和收集请求人或其（1993年1月4日第93—2号法律）律师的申请作出的裁决，应在公开庭上宣布。

如果复核申请的依据是第六百二十二条最后一款第四项，委员会应当考虑全部在推翻原来请求时所未知悉的全部事实和要件。——自1989年10月1日起生效。

第六百二十四条 （1989年6月23日第89—431号法律）受理复核申请的委员会可以在任何时候宣布暂缓判决的执行。

复核法庭受理时也可以同样处理。——自1989年10月1日起生效。

第六百二十五条 （1989年6月23日第89—431号法律）如果复核法庭认为案件尚未准备就绪，应当依照第六百二十三条最后二款的规定处理。

案件准备就绪后，法庭进行实质审查，在公开庭结束时不得表示异议的附具由的裁定对案件作出裁决；在公开庭上应该收集申请人或其（1993年1月4日第93—2号法律）律师的口头或书面意见，如果检察院接到正式通知参加庭审，也要听取其意见。如果法庭认为复核申请理由不足，应予驳回，相反，法庭认为复核申请理由充分，应该撤销原判，法庭应该考虑是否可能重新进行对辩审理。如果肯定，法庭应将被告人移送除原审法院以外的另一同级法院。

如果不可能进行重审，特别是当一名或多名被判罪人被赦免、死亡、精神错乱、拒传或缺席，或者无责任能力或有可原宥情节，或者追诉时效或行刑时效已届满，复核法庭在查明确定以后，在诉讼中可能存在的民事当事人在场下就实质作出裁决，而且，它所提名的监护人照管死刑犯的财产，在此情况下，法庭只应撤销它认为理由不足的定罪，如有必要，解除死刑犯的财产管理。

如果重审的不能事项是在复核法庭作出撤销原判决或裁定的裁决并宣布移送案件之后发现的，应当取消关于移送的处理，改依前款规定裁决。

撤销对还存活的被判罪人的一项判决或裁定，除非被控重罪或轻罪，即不应宣布移送。

撤销定罪后，应取消其司法案卷卡。——自1989年10月1日起生效。

第六百二十五条 （1989年6月23日第89—431号法律）为适用第六百二十三条和第六百二十五条，复核申请人可以由行政法院和最高法院的一名律师，或者一名在律师公会注册的普通律师充当代理人或提供协助。

第六百二十六条 （1989年6月23日第89—431号法律）依照本编被确认为无罪的被告人，有权要求由于定罪造成的损害而获得赔偿，但如果证实新证据之所以没有及时出示或者未知情况之所以没有及时知悉，部分或全部地应该归咎于其本人者除外。

任何人如能证明自己因定罪而受到损害，也可以依同样条件要求赔偿。

赔偿金由委员会依照第一百四十九条之1和第一百四十九条之2的规定决定发给。

赔偿金由国家负担，但对民事当事人、检举人或伪证人因他们的错误致使宣判有罪判决而提出上诉的除外，赔偿金应作为重罪，轻罪或违警罪的审判费用由他们缴纳。

（第五款由1993年1月4日第93—2号法律废止。）

如果最高法院作出对原被定罪人或者对重审申请人判定罪刑的判决或裁定，此项费用应由他们负担，国家可以要求其偿还。

败诉的重审申请人，应当负担全部费用。

如果申请人提出要求，宣告被定罪人无罪的复核判决或裁定应当张贴在原来定罪的城市、重罪或轻罪的犯罪市镇、复核申请人的住所地的市镇、复核申请人出生地的市镇以及已经死亡的错误审判受害人的最后住所地的市镇。同样，如果申请人要求，还应当在《官方公报》上刊登，并在原判决法院所选定的五份报纸上发表上述判决或裁定的摘要。

上述规定的公布判决或裁定的费用，由国库支付。

法国最高行政法院组织法令

第三章 最高行政法院的审判职能

第二节 诉讼程序

第10分节 对错误判决的申诉

第72条 对最高行政法院有错误的判决可以提出异议。这种异议除另有专门命令外,无停止判决执行的效力。异议得在判决通知之日起2个月内提出,逾期议异无效。

第73条 接受异议的裁决,必要时重新将诉讼当事人置于原来的状态。在指定由最高行政法院的律师充当诉讼代理人的案件中,在该裁决后8天内通知另一方当事人的律师。

第74条 未出庭当事人对判决提出异议,如涉及对审另一同等利益的当事人,则不予受理。

第11分节 对自相矛盾的判决提出的申诉

一、申请再审

第75条 在下列3种情况下,最高行政法院律师必须对自相矛盾的判决提出申诉,否则处以罚款;若为重犯,得停职或解职:①判决是根据错误的材料作出的;②一方当事人受处罚,但缺乏对当事人提出的决定性材料;③作出的判决不符合本法令第35条、第36条、第38条、第39条、第66条第1款、第67条和第68条的规定。

第76条 申请再审必须在和对错误判决的异议同样的期限内,以同样的方式提出。

再审的请求必须由最高行政法院的律师提出,即使受控告的判决是对一个无须律师代理的上诉案件亦是如此。

第 77 条 对同一个判决只能提出一次再审的请求,第二次提出将不予受理。律师如不遵守上述规定,将受到本法令第 75 条所规定的处罚。

二、申请纠正事实及物证错误

第 78 条 如果最高行政法院的判决书中存在事实及物证错误,使人怀疑影响对案件的判决,有利害关系的一方当事人可以向最高行政法院申请改正。

请求改正的申请必须以和原来的诉状同样的形式,在判决书送达或通知之日起 2 个月内提出。

三、第三者异议

第 79 条 对最高行政法院的判决持有异议的第三者,无论是谁未被传到庭,必须以普通诉状的形式提出申请。

该种申请须呈交最高行政法院的秘书处,根据本节的规定进行。

屈服于第三者异议攻击的一方当事人得被处以罚款,这不影响该当事人必要时受到损害赔偿的处罚。

法国行政诉讼法典（法律篇）*

王敬波**

第八编　上诉审程序

第一章　上诉

第 811-1 条　当一审判决可以上诉时，应向本法第三编规定的有权的上诉法院上诉。

第二章　向最高行政法院上诉

第一节　一般条款

第 821-1 条　针对上诉行政法院的裁判和所有行政法院的终审裁判，基本上都可以通过复核审向最高行政法院起诉。

第 821-2 条　如果最高行政法院宣布撤销原终审裁决，最高行政法院或者发回原审法院组成新的合议庭重审，（除非根据情况不可能发回）；或者将案件交同样性质的另一法院审理；或者根据情况自己审理。

对于第二次送最高行政法院复核的案件，最高行政法院直接作出最终裁决。

---

* 法国行政诉讼法典（Code de justice administrative）于2001年1月1日生效，包括法律和规章两部分，本文主要翻译其中法律部分。本翻译所依据的文本载于法国DALLOZ出版社2003年出版的行政法典Code administratif，第387~454页。

** 翻译：王敬波，女，中国政法大学副教授，法学博士。

第二节 准入程序

第 822-1 条 向最高行政法院上诉需要经过事先的准入程序。如果上诉是不可接受的或者没有任何重要的理由，则通过司法决定拒绝接受上诉。

第三节 其他途径的上诉

（本节没有法律性质条文）。

日本民事诉讼法*

第四编 再审

（再审之事由）

第四百二十条 对于已确定的终局判决，在下列情况下以再审的诉讼声明不服。但当事人已经依据上诉主张其事由时，或明知其事由而不主张时，不在此限。

1. 判决法院的组成没有法律的规定时。
2. 依据法律不得参与判决的审判官参与裁判时。
3. 对法定代理权、诉讼代理权或对于代理人进行诉讼行为缺乏必要的授权时。
4. 参与裁判的审判官，犯与案件有关职务上的罪行时。
5. 依据他人在刑事上应处罚的行为而进行自认或提出可以影响于判决的攻击或防御方法受到妨碍时。
6. 作为判决证据的文书或其他物证，是出于伪造或变造时。
7. 以证人、鉴定人、翻译或经宣誓的当事人或法定代理人的虚伪陈述，作为判决的证据时。
8. 作为判决基础的民事或刑事判决及其他裁判或行政处分，根据其后的裁判或行政处分已经变更时。
9. 对于影响于判决的重要事项遗漏判断时。
10. 经声明不服的判决，与此前所宣告的确定判决相抵触时。

②在前款第四项至第七项情况下对应处罚的行为有罪判决或罚款的裁判已经确定时，或因证据不足以外的理由不能作出有罪的确定判决或罚款

---

* 节选自萧榕主编：《世界著名法典选编·民法卷》，中国民主法制出版社1998年版。

的确定裁判时为限，可以提起再审的诉讼。

③在控诉审已就事件作出本案的判决时，不得对第一审的判决提起再审的诉讼。

（作为判决基础的裁判再审事由）

第四百二十一条　作为判决基础的裁判，如有前条所定的事由时，对该裁判虽然规定有独立的不服方法，仍得以该事由作为对判决提起再审的理由。

（再审法院）

第四百二十二条　再审专属作出经声明不服的判决的法院管辖。

②对审级不同的法院就同一案件所作的判决，其再审的诉讼由上级法院合并管辖。

（再审的诉讼程序）

第四百二十三条　再审的诉讼程序，在不违背其性质的范围内，准用各审级诉讼程序的规定。

（再审期间）

第四百二十四条　再审的诉讼应当在判决确定后得知再审事由之日起三十天内提起。

②前项期间为不变期间。

③判决确定后已经过五年时，不得提起再审的诉讼。

④再审的事由发生在判决确定之后时，前项期间，应由发生其事由之日起算。

（再审期间的例外）

第四百二十五条　前条规定，对于以缺乏代理权及以第四百二十条第一款第十项所列事项为理由的再审诉讼，不适用。

（诉状的记载事项）

第四百二十六条　诉状应记载下列事项。

一、当事人及法定代理人。

二、对声明不服的判决的表示及对该判决请求再审的意旨。

三、不服的理由。

（审判的范围）

第四百二十七条　本案的辩论及裁判，只得在不服的范围内进行。

②不服的理由可以变更。

(原判决正当时驳回诉讼)

第四百二十八条 虽然在有再审事由的情况下,但认为判决正当时,法院应驳回再审的诉讼。

(准再审)

第四百二十九条 在得以即时抗告声明不服的裁定或命令已经确定的情况下,而有第四百二十条第一项所列事由时,可以准用第四百二十条至前条对确定判决的规定提起再审的申请。

日本刑事诉讼法*

第四编 再审

第四百三十五条　请求再审的理由

对宣告有罪的确定判决，有下列情形之一时，可以为受宣告人的利益提出再审请求：

一、原判决作为证据的证据文书或证物，根据确定判决已经证明系属伪造或变造时；

二、原判决作为证据的证言、鉴定、口译或笔译、根据确定判决已经证明系属虚假时；

三、诬告受有罪宣告的人的犯罪，根据确定判决已经得到证明时；但以其受到有罪宣告系受诬告所致时为限；

四、作为原判决的证据的裁判，根据确定裁判已经变更时；

五、因侵犯专利权、实用新型权、发明权或者商标权的犯罪而宣告有罪的案件，在该项权利已经审决确定无效或者已经作出宣告无效的判决时；

六、已经发现确实的新证据，足以认为对受有罪宣告的人应当宣告无罪或免诉，对受刑罚宣告的人应当宣告免除刑罚，或应当认定轻于原判决确定之罪的罪时；

七、参与原判决的法官，参与制作成为原判决的证据的证据文书的法官，或者制作成为原判决的证据的书面材料或作出供述的检察官、检察事务官或司法警察职员，因该被告案件犯职务之罪，根据确定判决已经得到证明时。但在作出原判决前已经对法官、检察官、检察事务官或司法警察

---

* 节选自《日本刑事诉讼法》，宋英辉译，中国政法大学出版社2000年版。

职员提起公诉的场合,以作出原判决的法院未曾知悉该事实时为限。

第四百三十六条 同前

对控告或者上告不受理的确定判决,在下列场合,可以为受宣告人的利益提出再审请求：

一、具有前条第一项或第二项规定的事由时；

二、参与制定原判决或者成为原判决的证据的证据文书的法官,具有前条第七项所规定的事由时。

对第一审确定判决提出再审请求的案件,在作出再审的判决后,不得对控诉不受理的判决提出再审请求。

对第一审或者第二审的确定判决提出再审请求的案件,在作出再审的判决后,不得对上告不受理的判决提出再审请求。

第四百三十七条 代替确定判决的证明

依照前二条的规定,在以根据确定判决已经证明为犯罪的事项作为请求再审的理由的场合,在不能得到该项确定判决时,可以将该事实加以证明而提出再审请求。但由于没有证据而不能得到确定判决时,不在此限。

第四百三十八条 再审请求的管辖

再审的请求,由作出原判决的法院管辖。

第四百三十九条 再审请求权人

下列人员,可以提出再审的请求：

一、检察官；

二、受有罪宣判的人；

三、受有罪宣判的人的法定代理人及保佐人；

四、受有罪宣判的人死亡或者处于心神丧失的状态时,其配偶、直系亲属及兄弟姐妹。

依据第四百三十五条第七项或者第四百三十六条第一款第二项规定的事由而请求再审,如果该职务犯罪系受有罪宣判的人使之所犯时,应当由检察官提出。

第四百四十条 选任辩护人

检察官以外的人在提出再审请求时,可以选任辩护人。

前款规定的选任辩护人,在作出再审的判决以前一直发生效力。

第四百四十一条 请求再审的时间

即使在刑罚执行完毕或已经处于不受执行的状态时,也可以提出再审的请求。

第四百四十二条 请求再审与停止执行刑罚的效力

请求再审没有停止执行刑罚的效力。但与管辖法院相对应的检察厅的检察官,可以在对再审的请求作出裁判以前,停止刑罚的执行。

第四百四十三条 再审请求的撤回

再审的请求,可以撤回。

撤回再审请求的人,不得以同一理由再行提出再审的请求。

第四百四十四条 关于在监人的特则

第三百六十六条的规定,准用于再审的请求及其撤回。

第四百四十五条 事实的调查

受理再审请求的法院在必要时,可以使合议庭的组成人员就请求再审的理由进行事实的调查,或委托地方法院、家庭法院或简易法院的法官进行事实的调查。在此场合,受命法官及受托法官有与法院或者审判长同等的权限。

第四百四十六条 请求不受理的裁定

再审的请求违反法令上的方式,或者在请求权消灭后提出时,应当作出不受理的裁定。

第四百四十七条 同前

再审请求没有理由时,应当作出不受理的裁定。

已经作出前款的裁定时,任何人不得以同一理由再行提出再审的请求。

第四百四十八条 开始再审的裁定

再审请求有理由时,应当作出开始再审的裁定。

作出开始再审的裁定时,可以裁定停止刑罚的执行。

第四百四十九条 再审请求的竞合与请求不受理的裁定

对于控诉不受理的确定判决和根据该判决而确定的第一审判决都已提出再审请求的场合,在第一审法院已经作出再审判决时,控诉法院应当作出再审请求不受理的裁定。

对关于第一审或者第二审判决的上告作出的不受理判决和根据该判决而确定的第一审或者第二审的判决都已提出再审请求的场合,在第一审法院或者控诉法院已经作出再审判决时,上告法院应当作出再审请求不受理的裁定。

第四百五十条 即时抗告

对第四百四十六条、第四百四十七条第一款、第四百四十八条第一款或前条第一款的裁定,可以提起即时抗告。

第四百五十一条 再审的审判

法院对开始再审的裁定已经确定的案件,除第四百四十九条规定的情形外,应当按照其审级重新进行审判。

在下列场合,第三百一十四条第一款正文及第三百三十九条第一款第四项的规定,不适用于前款的审判:

一、为死亡的人或者没有康复可能性的心神丧失的人的利益而提出再审请求时;

二、受有罪宣判的人,在作出再审的判决前死亡,或者陷于心神丧失的状态且没有康复的可能性时。

在前款的场合,即使被告人不到场,也可以进行审判。但辩护人没有到场时,不得开庭。

在第二款的场合,提出请求再审请求的人没有选任辩护人时,审判长应当依职权选任辩护人。

第四百五十二条 禁止不利的变更

在再审时,不得宣判重于原判决的刑罚。

第四百五十三条 公告无罪判决

经再审宣判无罪时,应当将该判决刊登于政府公报和报纸,予以公告。

日本行政案件诉讼法

(2004年法律第84号)

第二章 上诉诉讼

第一节 取消诉讼

第34条 （第三者的再审的诉讼）

一、由于撤销处分或裁决的判决权力被侵害的第三人，由于不能归责于自己的理由未能参加诉讼，因此未能提出应当对判决造成影响的攻击或防御方法时，可以以此理由对确定的终局判决以再审诉讼的形式进行不服申诉。

2. 前款的诉讼必须自知道判决确定之日起三十日之内提起。

3. 前款的期间为不变期间。

4. 第一款的诉讼，自判决确定之日起经过一年时，不得提起。

美国联邦民事诉讼规则*

（1938年9月16日生效，2007年12月1日修改生效）

第7章 判 决

第59条 重新审理；判决的修改

（a）一般规定。

（1）重新审理的理由。

法院可根据申请，对下列案件的全部或部分当事人及全部或部分争点作出重新审理的决定：

（A）在陪审团审理的诉讼中，重新审理的理由是从前被美国联邦法院在诉讼中根据普通法所承认的任何理由；或者

（B）在非陪审团审理的诉讼中，重新审理的理由是从前由美国联邦法院在诉讼中根据衡平法予以认定的任何理由。

（2）非陪审团审理诉讼之后的进一步诉讼。

基于对非陪审团审理的案件提出的重新审理申请，法院可对登记的判决进行审理，收取补充性的证言，变更事实认定和法律上的结论，或作出新的事实认定和结论，并且裁定登记新的判决。

（b）申请重新审理的期间。

重新审理的申请须在判决登记后10日内提出。①

（c）宣誓陈述书送达期间。

根据宣誓陈述书提出的重新审理申请，宣誓陈述书应与申请一并提

---

* 吴如巧：《美国联邦民事诉讼规则的新发展》，中国政法大学出版社2013年版，第265~267页。本书编者根据2014年12月修改文本微调。

① 2014年12月1日起，该10日修改为28日。——本书编者注

出,对方当事人在送达后 10 日内可向法院提交陈述异议的宣誓陈述书。但法院基于正当理由或各当事人的书面协议,此期间可以延长到不超过 20 日。法院允许对宣誓陈述书作出答辩。

(d) 基于法院自由裁量权所进行的重新审理或者基于申请书之外的理由进行的重新审理。

在登记判决后 10 日内,如果当事人提出申请法院应准予重新审理的任何理由,法院可依其自由裁量权命令重新审理。法院在通知各方当事人并给予各方当事人被听审的机会之后,可以允许根据申请中未陈述的理由而及时提出重新审理的申请。当法院依职权重新审理或以未在重新审理申请中陈述的理由准予重新审理时,法院应当在重新审理命令中具体说明重新审理的理由。

(e) 变更或修改判决的申请。

任何变更或修改判决的申请,应在判决登记后的 10 日内提交法院。

第 60 条　对判决或命令的救济

(a) 给予书写错误的改正;疏忽和遗漏。

法院可以随时更正在判决、命令或法院记录其他部分的笔误和由于疏忽或遗漏而出现的错误。法院可以依职权或任何当事人的申请作出上述行为,并且可以发出或不发出相关的通知。在上诉期间,如果上诉已被上诉法院在备审案件登记表上登记,且在上诉中,则可在上诉法院同意后更正错误。

(b) 对终局判决、命令或程序的救济的理由。

根据申请和正当的条件,法院可以以下列理由给予当事人或其法定代理人以终局判决、命令或程序的救济:

(1) 错误、疏忽、突袭或可原谅的过失;

(2) 新发现的证据,这些证据是在依据本规则第 59(b)条规定申请重新审理的期间内,即使相当地注意也不能发现的新证据;

(3) 欺诈(无论从前称之为内部的还是外部的)、虚假表示或者对方当事人的其他不良行为;

(4) 判决无效;

(5) 判决被履行、被放弃或被解除,或者作为判决基础的前一判决已被推翻或撤销;或者该判决将来适用会不公正;

(6) 其他任何救济判决的正当理由。

(c) 提出申请的时间及申请的效力。

(1) 提出申请的时间。

基于本条（b）所提出的申请应在合理的期间内提出,基于本款（1）、(2)、(3) 规定的理由提出申请不得超过作出判决、命令或采取诉讼程序后1年。

(2) 对终局性的影响。

申请不影响判决的终局性也不停止其效力。

(d) 提供救济的其他权力。

本规则不限制法院的下列权力：

(1) 受理救济当事人的对判决、命令或诉讼程序的单独诉讼；

(2) 给予未按照《美国法典》第28编第1655条规定被实际直接通知的被告提供救济；

(3) 撤销因对法院进行欺诈而作出的判决。

(e) 令状的废除。

下述令状应被废除：复审状以及具有复审状性质的诉状、本法院误审状、他法院误审状和事后申请令状。

第61条 无害的错误

证据的采纳或排除中的错误,或者法院或任何一方当事人的错误,都不应成为允许重新审理的理由或撤销陪审团裁决的理由或者撤销、更改以及中断判决或命令的效力的理由。但是法院认为拒绝上述的行为违反正义时不在此限。法院在诉讼程序的任何阶段均应无视不影响当事人实质性权利的程序上的错误或瑕疵。

附：

美国民事再审制度介绍*

1. 关于再审程序的概述

在美国,当案件在陪审团作出裁决或法官作出判决后,判决即告生效。但作为对该判决的事实问题或法律问题的救济手段,立法允许当事人

---

* 汤维建：《美国民事司法制度与民事诉讼程序》,中国法制出版社2001年版。

在一定时间内，无条件地向原审法院提出重新审理的动议或者向上诉审法院提出上诉。如果逾期没有提出重新审理的动议或上诉，当事人发现了一些可以推翻原判决的法定理由，还可以在一定时间内申请再审（new trial），要求撤销原判决。美国联邦民事诉讼法及各州民事诉讼法皆在一定程度上就此作出了规定。

立法之所以作如此规定，其原因在于希望能够在确保判决的终局性和确保原审判中认定事实的真实性之间取得平衡。立法一方面允许对判决进行再审，另一方面又对再审理由及申请再审的时间予以限制。

2. 申请再审的时间

申请再审的时间各民事诉讼法规定得不尽一致，但一般规定申请再审应当在判决作出登记后的半年或一年之内提出。但也有的规定，某些判决的再审申请只能在合理的时间内提出来。对判决后的救济（post judgment relief）作出时间上的限制，是为了保障判决的终局性（finality）。这些严格时间限制的唯一例外是，法院对案件的审理缺乏事物管辖权或属人管辖权。如果法院对案件的审理是在没有审判权的基础上进行的，这个缺陷一经发现，就可以申请再审，不受时间的限制。

3. 申请再审的理由

《联邦民事诉讼规则》第60（b）第就申请再审的理由作出了规定，这些理由为人们所广泛接受。它包括：

（1）判决是由于错误（mistake）而作出的。

（2）判决是因为突然袭击（surprise）而形成的。

（3）判决是由可原谅的疏忽（excusable neglect）而作出的。

（4）决定案件的某些重要证据（material evidence）在较早的时候不可能被发现。

（5）判决是当事人通过欺诈（fraudulence）的方法取得的。

法院对这些理由的解释并不持过于宽泛的态度。如果当事人仅仅主张判决有错误或者有疏忽，但却没有发现存在严重的疏忽或错误，再审的救济则不可能获得。再如，新发现的证据也可以成为申请再审的理由（subject of a motion for relief），但是，这种新发现的证据不仅要对案件的解决具有至关重要性，而且还要在原诉讼程序持续期间便已存在。比如在人身伤害之诉中，陪审团已作出损害赔偿的裁决之后，新的医疗手段的发展不具有新发现证据的资格，不能成为重开判决（reopening of the judgment）的理由。

美国联邦刑事诉讼规则[*]

第七章 判 决

第33条 重新审判

根据被告人申请,如果出于公正利益的需要,法庭可以批准对被告人重新审判。如果原审是由法官而非陪审团进行的,根据被告人请求重新审判的申请,法庭可以撤销已作出的判决,听取补充证词,指示重新判决。以发现新的证据为由申请重新审判只能在作出最终判决后两年内提出。但是,如果在上诉期间,法庭可以允许将案件发还重审。以其他理由申请重审,应当在裁决有罪后七日内,或者在七日期限内法庭可能确定的更短的时间内提出。

---

[*] 节选自《美国联邦刑事诉讼规则和证据规则》,卞建林译,中国政法大学出版社1998年版。

苏联民事诉讼法典*

第四编　对已经发生法律效力的判决、裁定和决定的再审

第三十六章　监督审程序

第三百一十九条　〔能够依监督程序进行再审的判决、裁定和决定〕

对于俄罗斯联邦共和国所有法院已经发生法律效力的判决、裁定和决定，都可以根据本法典第三百二十条所列公职人员的抗诉，依审判监督程序进行再审。

第三百二十条　〔有权提出抗诉的人〕

下列人员有权提出抗诉：

（1）苏联总检察长——对俄罗斯联邦共和国任何法院的判决、裁定和决定；

（2）苏联最高法院院长——对俄罗斯联邦共和国最高法院主席团的决定及其民事审判庭作为第一审法院作出的判决和裁定；

（3）苏联副总检察长——对俄罗斯联邦共和国任何一个法院的判决、裁定和决定，但俄罗斯联邦共和国最高法院主席团的决定除外；

（4）苏联最高法院副院长——对俄罗斯联邦共和国最高法院民事审判庭作为第一审法院作出的判决和裁定；

（5）俄罗斯联邦共和国检察长、副检察长、俄罗斯共和国最高法院院长、副院长——对俄罗斯联邦共和国任何一个法院的判决、裁定和决定，

---

* 节选自萧榕主编：《世界著名法典选编·民法卷》，中国民主法制出版社1998年版。

但俄罗斯联邦共和国最高法院主席团的决定除外；

（6）自治共和国最高法院院长，边疆区、州、市法院院长，自治州和民族州法院院长，自治共和国、边疆区、州检察长、自治州和民族州检察长——对区（市）人民法院的判决和裁定，对相应的自治共和国最高法院民事审判庭和依上诉程序审理案件的边疆区、州、市法院、自治州和民族州法院的裁定。

第三百二十一条 〔依监督程序审理抗诉案件的法院〕

苏维埃社会主义自治共和国最高法院主席团，边疆区、州、市法院，自治州和民族州法院主席团、审理对这些法院的裁定提出的抗诉案件和对已经发生法律效力的区（市）人民法院的判决和裁定提出的抗诉案件。

俄罗斯联邦共和国最高法院民事审判庭审理对共和国所有法院作出的已经发生法律效力的判决和裁定提出的抗诉案件（如果这些案件不是俄罗斯联邦共和国最高法院上诉审审理标的的话），审理对苏维埃社会主义自治共和国最高法院主席团，边疆区、州、市法院主席团，自治州和民族州法院主席团的裁判提出的抗诉案件。

俄罗斯联邦共和国最高法院主席团审理对俄罗斯联邦共和国最高法院民事审判庭的判决和裁定提出的抗诉案件。

主席团的成员，凡是参加过该案件第一审或第二审的，或依审判监督程序参加过俄罗斯联邦共和国最高法院民事审判庭组成的，都不能作为法院主席团的成员参加该案件的审理。

如果苏维埃社会主义自治共和国最高法院主席团，边疆区、州、市法院主席团，自治州或民族州法院主席团的大部分成员都参加过该案件的第一审或上诉审法院的审理，而抗诉是由该法院院长或苏维埃社会主义自治共和国、边疆区、州、市、自治州、民族州的检察长提出的，则抗诉人应将该案件相应地提交俄罗斯联邦共和国最高法院院长或俄罗斯联邦共和国检察长，以便讨论依审判监督程序向俄罗斯联邦共和国最高法院提出抗诉的问题。如果对这类案件的抗诉是由苏联总检察长、俄罗斯联邦共和国最高法院院长、俄罗斯联邦共和国检察长或他们的副手提出的，则应将案件交由俄罗斯联邦共和国最高法院民事审判庭依审判监督程序进行审理。

第三百二十二条 〔调阅案卷〕

本法典第三百二十条列举的公职人员以及区（市）检察长在其职权范围内有权从相应的法院调阅民事案卷，以便解决是否有理由依审判监督程序提出抗诉的问题。

如果案卷调取人无权对该判决、裁定或决定提出抗诉,则必要时他可以报请有权提出抗诉的上级公职人员依审判监督程序提出抗诉。

如果不具备提出抗诉的根据,则应将此事告知请求依监督程序提出抗诉的申请人,并指明拒绝提出抗诉的理由。

第三百二十三条 〔中止执行〕

有权依监督程序提出抗诉的公职人员,可以在监督程序终结之前中止相应的判决、裁定和决定的执行。

第三百二十四条 〔提出抗诉〕

在具备提出抗诉的根据时,本法典第三百二十条规定的公职人员应制作抗诉书,并将抗诉书连同案卷递交有关法院。抗诉书的制作和提出适用本法典第二百八十六条的规定,提交法院的抗诉书须按参加人人数附具副本。

第三百二十五条 〔通知案件参加人和发给他们抗诉书副本〕

应将抗诉书的副本送交抗诉案件双方当事人和其他的案件参加人。必要时应把审理案件的时间和地点通知双方当事人和其他的案件参加人。

给案件参加人的抗诉书副本应由法院送交。法院规定审理案件的时间时应考虑到使案件参加人有可能对抗诉书提出书面陈述和补充材料。

第三百二十六条 〔撤回抗诉〕

依监督程序提出抗诉的公职人员有权撤回抗诉,由检察长提出的抗诉也可由上级检察长撤回。撤回抗诉只能在法院开始审理案件之前实施。法院应将撤回抗诉一事通知案件参加人。

第三百二十七条 〔案件审理范围〕

依监督程序审理案件时,法院应根据已有的和补充提出的材料,就原判决、裁定和决定中抗诉部分和未抗诉部分以及同抗诉中未提到的人有关的部分是否合法、有无根据进行审查。

法院不受抗诉理由的限制,必须对全案进行审查。

第三百二十八条 〔审理抗诉的程序〕

依监督程序审理抗诉时,应适用本法典第二百九十五条至第二百九十八条、第三百条和第三百零一条的规定以及本条的例外和补充规定。

在法院主席团中,由院长或受其委托的主席团成员或由事先未参加过该案件审理的审判庭成员报告案件。

案件参加人已被告知案件审理时间和地点而未到庭，不妨碍案件的审理。

案件参加人及其代理人如已得到关于案件审理时间和地点的通知，并已到庭，应在报告案件后作出陈述。

依审判监督程序审理案件时，检察长必须参加，检察长支持他本人或上级检察长提出的抗诉，或者对根据法院院长或副院长提出的抗诉进行审理的案件提出处理意见。

在法院主席团中，全部问题须经多数票通过。赞成与反对满足抗诉的票数相等，抗诉应以被驳回论。

法院主席团作出决定，决定应由主席团会议执行主席签名。

第三百二十九条 〔依监督程序审理案件的法院的权限〕

法院依监督程序审理案件后有权以自己的裁定或决定：

（1）维护原判决、裁定或决定，驳回抗诉；

（2）撤销原判决、裁定或决定的全部或一部，将案件发回第一审法院或上诉审法院重新审判；

（3）撤销原判决、裁定或决定的全部或一部，并终止案件程序，或对诉讼不予审理；

（4）在原来对案件所作的几个判决、裁定或决定中维持一个判决、裁定和决定的效力；

（5）如果案件无须收集或补充审查证据，案情已由第一审法院全部和正确地查清，但在适用实体法规范上发生了错误，则变更原判决、裁定或决定，或作出新判决，而不将案件发回重新审判。

第三百三十条 〔依监督程序撤销法院原判决、裁定或决定的理由〕

依监督程序撤销法院原判决、裁定或决定的理由，是这些判决、裁定或决定没有根据，或严重地违反实体法规范或诉讼法规范。

依监督程序撤销法院原判决、裁定或决定并终止案件程序或对诉讼不予审理，应当按照本法典第二百一十九条和第二百二十一条所规定的理由实施。

第三百三十一条 〔依审判监督程序审理案件的法院的指示的约束力〕

依审判监督程序审理案件的法院在裁定或决定中所作的指示，对重新审判该案件的法院具有约束力。

依审判监督程序审理案件的法院无权认定判决中未曾认定或已予否定的案情，或认为这些案情已被证实，无权预先决定某个证据可靠或不可靠、一些证据优先于另一些证据以及在重新审判案件时应当适用哪一条实体法规范和应当作出什么样的判决的问题。

同样，法院依审判监督程序审理案件而撤销上诉审裁定时也无权预先作出上诉审法院在重新审判该案件时可能作出的结论。

第三百三十二条 〔法院的裁定和决定〕

依监督程序审理案件的法院作出的裁定和决定的内容和后果，如本法典第三百一十一条——第三百一十三条规定。

第三十七章 根据新发现的情节对已经发生法律效力的判决、裁定和决定进行再审

第三百三十三条 〔再审的理由〕

根据新发现的情节可以对已经发生法律效力的判决、裁定和决定进行再审。

根据新发现情节对判决、裁定和决定进行再审的理由是：

（1）发现申请人以前不知道和不可能知道的对案件具有重大意义的情节；

（2）已经发生法律效力的法院刑事判决认定证人证言明显是捏造的，鉴定人鉴定结论明显是捏造的，翻译明显是不正确的，证件和物证是伪造的，因而作出的判决是不合法或没有根据的；

（3）已经发生法律效力的法院刑事判决认定双方当事人、其他的案件参加人或他们的代理人有犯罪行为，以及审判员在该案件审理过程中有犯罪行为；

（4）作出判决、裁定或决定所据的法院民事判决、刑事判决、裁定或决定或其他机关的决定已被撤销。

第三百三十四条 〔申请书的提出〕

根据新发现的情节请求对原判决、裁定或决定进行再审的申请书，由案件参加人或检察长向作出判决、裁定或决定的法院提出。该项申请可由案件参加人在作为再审理由的情节确定之日起三个月内提出。

第三百三十五条 〔提出申请书期间的计算〕

提出申请书的期间的计算方法如下：

(1) 在本法典第三百三十三条第（1）项规定的情况下，自发现对案件具有重大意义的情节之日起算；

(2) 在本法典第三百三十三条第（2）项和第（3）项规定的情况下，自刑事判决已经发生法律效力之日起算；

(3) 在本法典第三百三十三条第（4）项规定的情况下，自内容上与构成原判决、裁定或决定理由的刑事判决、民事判决、裁定和决定相反的法院刑事判决、民事判决、裁定、决定或国家机关的决定发生法律效力之日起算。

第三百三十六条 〔**申请书的审理**〕

根据新发现的情节请求对判决、裁定或决定进行再审的申请书由审判庭开庭审理。应将开庭时间和地点通知申请人和案件参加人，但当事人不到庭不妨碍对申请的审理。

第三百三十七条 〔**法院对再审案件作出的裁定**〕

法院在审理根据新发现情节对判决、裁定或决定进行再审的申请书后，或是满足申请，撤销原判决、裁定或决定，或是拒绝再审。

对于法院满足根据新发现情节对判决、裁定和决定进行再审的申请的裁定，不得声明不服。

如原判决、裁定或决定已被撤销，则案件由法院照本法典规定的规则加以审理。

俄罗斯联邦民事诉讼法*

第四编 对已经发生法律效力的判决、裁定和决定的重新审理

第三十六章 监督审程序

第319条 能够依监督程序再审的判决、裁定和决定

对于俄罗斯联邦共和国所有法院已经发生法律效力的判决、裁定和决定，都可以根据本法典第320条所列公职人员的抗诉，依审判监督程序进行再审。

第320条 有权提出抗诉的人

下列人员有权提出抗诉：

（1）—（4）删除。（据联邦法律2000年8月7日第120—ф3期）

1 俄罗斯联邦检察长、俄罗斯联邦最高法院院长及副检察长、副院长——对俄罗斯联邦任何一个法院的判决、裁定和决定，但俄罗斯联邦最高法院主席团的裁判除外；

（2）自治共和国最高法院院长，边疆区、州、市法院院长，自治州和民族州法院院长，自治共和国、边疆区、州检察长、自治州和民族州检察长——对区（市）人民法院的判决和裁定，对相应的自治共和国最高法院民事审判庭和依上诉程序审理案件的边疆区、州、市法院、自治州法院和民族州法院的裁定。（据俄罗斯苏维埃联邦社会主义共和国最高苏维埃主席团1980年8月1日法律文本《俄罗斯苏维埃联邦社会主义共和国最高苏维埃公报》1980年第32期第987号）

---

* 节选自《俄罗斯联邦民事诉讼法》，张西安、程丽庄译，中国法制出版社2002年版。

本条第 1 款所列人员有权对治安法院已经发生法律效力的判决和决定提出抗诉。（第 2 款据联邦法律 2000 年 8 月 7 日第 120—ф3 期）

第 321 条　依监督程序审理抗诉案件的法院

共和国最高法院主席团、边疆区、州、市法院、自治州法院、自治区法院主席团，审理对已经发生法律效力的区（市）人民法院和治安法院的判决和裁定提出的抗诉案件。（据联邦法律 2000 年 8 月 7 日第 120—ф3 期）

俄罗斯联邦共和国最高法院民事审判庭审理对共和国所有法院作出的已发生法律效力的判决和裁定提出的抗诉案件。如果这些判决和裁定不是俄罗斯联邦共和国最高法院上诉审审理标的，也不是对苏维埃社会主义自治共和国最高法院委员会，边疆区、州、市法院委员会，自治州法院和民族州法院委员会的裁决提出的抗诉案件。

俄罗斯联邦最高法院主席团审理：对俄罗斯联邦最高法院上诉审的判决和裁定提出的抗诉案件；军事法院民事案件审委会作出的发生法律效力的判决、决定；俄罗斯联邦最高法院的判决、决定。（据联邦法律 1999 年 1 月 4 日第 3—ф3 期）

法院主席团的成员，凡是参加过该案件第一审或第二审的，或依审判监督程序参加过俄罗斯联邦共和国最高法院民事审判庭的，都不能作为法院主席团的成员参加该案件的审理。

如果苏维埃社会主义自治共和国最高法院主席团，边疆区、州、市法院主席团，自治州法院或民族州法院主席团的大部分成员都参加过该案件的第一审或上诉审法院的审理，而抗诉是由该法院院长或苏维埃社会主义自治共和国、边疆区、州、市、自治州、民族州的检察长提出的，则抗诉人应将该案件相应地提交俄罗斯联邦共和国最高法院院长或俄罗斯联邦共和国检察长，以便讨论依审判监督程序向俄罗斯联邦共和国最高法院提出抗诉的问题。如果对这类案件的抗诉是由苏联总检察长、俄罗斯联邦共和国最高法院院长、俄罗斯联邦共和国检察长或他们的副职提出的，则应将案件交由俄罗斯联邦共和国最高法院民事审判庭依审判监督程序进行审理。（据俄罗斯苏维埃联邦社会主义共和国最高苏维埃主席团 1980 年 8 月 1 日法律文本——《俄罗斯苏维埃联邦社会主义共和国最高苏维埃公报》1980 年第 32 期第 987 号，联邦法律 1992 年 7 月 3 日第 3200—1 期）

第 322 条 调阅案卷

本法典第 320 条列举的公职人员以及区（市）检察长在其职权范围内有权从相应的法院调阅民事案卷，以便解决是否有理由依审判监督程序提出抗诉的问题。

如果案卷调取人无权对该判决、裁定或决定提出抗诉，则必要时他可以报请有权提出抗诉的上级公职人员依审判监督程序提出抗诉。

如果不具备提出抗诉的根据，则应告知请求依监督程序提出抗诉的申请人，并指明拒绝提出抗诉的理由。

为了解决是否有理由按照监督程序提出抗诉，本法典第 320 条列举的公职人员依照俄罗斯联邦人权保障组织的申请可以在自己权限范围内，从有关的法院调阅民事案卷。（第 4 款据联邦法律 1997 年 3 月 17 日第 50—ф3 期）

第 322·1 条 俄罗斯联邦人权保障组织有权了解民事案件

（据联邦法律 1997 年 3 月 17 日第 50—ф3 期）

民事案件的判决或裁决发生法律效力的，俄罗斯联邦人权保障组织有权了解该民事案件。

第 323 条 停止执行

有权依监督程序提出抗诉的公职人员，可以在监督程序终结之前停止执行相应的判决、裁定和决定。

公职人员提出对没有法律根据妨害公民权利的抗诉，可以在监督程序终结前停止判决的执行。

（据俄罗斯联邦社会主义共和国最高苏维埃主席团 1988 年 1 月 29 日条 8256—Ⅺ期）

第 324 条 提出抗诉

在具备提出抗诉的根据时，本法典第 320 条规定的公职人员应制作抗诉书，并将抗诉书连同案卷递交有关法院。抗诉书的制作和递交适用本法典第 286 条的规定。提交法院的抗诉书须按案件参加人人数附具副本。

第 325 条 通知案件参加人和发给抗诉书副本

应将抗诉书的副本送交抗诉案件双方当事人和其他案件参加人。必要时应把审理案件的时间和地点通知双方当事人和其他案件参加人。

给案件参加人的抗诉书副本应由法院送交。法院规定审理案件的时间时应考虑到使案件参加人有可能对抗诉书提出书面陈述和补充材料。

第 326 条 撤回抗诉

依监督程序提出抗诉的公职人员有权在法院开始审理之前撤回抗诉。由检察长提出的抗诉也可由上级检察长撤回。法院将撤回抗诉之事通知案件参加人。在案件审理中，抗诉不得撤回或更改。（据俄罗斯苏维埃联邦社会主义共和国最高苏维埃主席团 1980 年 8 月 1 日法律文本——《俄罗斯苏维埃联邦社会主义共和国最高苏维埃公报》1980 年第 32 期第 987 号）

第 327 条 案件审理范围

（据联邦法律 1995 年 11 月 30 日第 189—ф3 期）

依监督程序审理案件时，法院应根据案件中现有的材料在抗诉理由范围之内核查一审法院和上诉审法院是否正确地运用和阐释实体法规则和程序法规则。

为维护法制，法院可以不受抗诉范围的限制。

第 328 条 审理抗诉的程序

依监督程序审理抗诉时，应适用本法典第 295–298 条、第 300 条和第 301 条的规定以及本条所指出的例外和补充的规定。

依监督程序对已发生法律效力的判决、裁定、决定的抗诉案件的审理，自接受抗诉时起在审判会议上不超过 20 日，在俄罗斯联邦最高法院不超过 1 个月。

在法院主席团中，由院长或受委托的主席团成员或由事先未参加过该案件审理的审判组织成员报告案件。

案件参加人已被告知案件审理时间和地点而未到庭，不妨碍案件的审理。

案件参加人及其代理人如已得到关于案件审理时间和地点的通知，并已到庭，应在报告案件后作出陈述。

依审判监督程序审理案件时，检察长必须参加，检察长支持他本人或上级检察长提出的抗诉，或者对根据法院院长或副院长提出的抗诉进行审理的案件作出结论。

在法院主席团中，全部问题须经多数票通过。赞成与反对抗诉的票数相等时，抗诉应被驳回。

法院主席团作出裁判，裁判应由主席团会议执行主席签名。（据俄罗斯苏维埃联邦社会主义共和国最高苏维埃主席团 1980 年 8 月 1 日法律文本——《俄罗斯苏维埃联邦社会主义共和国最高苏维埃公报》1980 年第 32

期第987号)

第329条　依监督程序审理案件的法院的权限

法院依监督程序审理案件后有权裁定或判决：

（1）维持原判决、裁定或决定，驳回抗诉；

（2）撤销原判决、裁定或决定的全部或一部，将案件发回第一审法院或二审法院重新审判；（据联邦法律2000年8月7日第120—ф3期）

（3）撤销原判决、裁定或决定的全部或一部，并终结案件程序，或对诉讼不予审理；

（4）在原来对案件所作的几个判决、裁定或决定中维持一个判决、裁定和决定的效力；

（5）撤销或更改原审法院、二审法院或者审判监督所作的判决，并作出新的判决，如果在适用实体法规范上发生了错误，则不把案件发回重新审理。（据联邦法律2000年8月7日第120—ф3期）（据俄罗斯苏维埃社会主义共和国最高苏维埃主席团1980年8月1日法律文本——《俄罗斯苏维埃联邦社会主义共和国最高苏维埃公报》1980年第32期第987号）

第330条　依监督程序撤销法院原裁判的理由

（据联邦法律1995年11月30日第189—ф3期）

依监督程序撤销法院原判决、裁定或决定的理由：

（1）错误地适用和阐释实体法规范；

（2）法院违反程序法律作出判决、裁定和决定。

在本法典第308条规定的情形下，不论抗诉的理由如何，均应撤销法院的判决、裁定或决定。法院的裁判不能因为形式表述欠缺而撤销。

第331条　法院依审判监督程序审理案件所作指示的约束力

依审判监督程序审理案件的法院在裁定或决定中所作的指示，对重新审判该案件的法院具有约束力。（据联邦法律1995年11月30日第189—ф3期）

依审判监督程序审理案件的法院无权预先确定某个证据可靠或不可靠、一些证据优先于另一些证据，以及在重新审判案件时应当作出什么样的判决。（据联邦法律1995年11月30日第189—ф3期）

同样，法院依审判监督程序审理案件而撤销上诉审裁定时也无权预先作出上诉审法院在重新审判该案件时可能作出的结论。

第 332 条 法院的裁定和决定

依监督程序审理案件的法院作出的裁定和决定的内容和后果由本法典第 311——313 条所列规则予以规定。

第三十七章 根据新发现的情况对已经发生法律效力的判决、裁定和决定再审

第 333 条 再审的理由

根据新发现的情况可以对已经发生法律效力的判决、裁定和决定再审。

根据新发现情况对判决、裁定和决定再审的理由是：

（1）发现申请人以前不知道和不可能知道的对案件具有重大意义的情况；

（2）已经发生法律效力的法院刑事判决确定证人证言明显是捏造的，鉴定人结论明显是捏造的，翻译明显是不正确的，证件和物证是伪造的，因而作出的判决是不合法或没有根据的；

（3）已经发生法律效力的法院刑事判决确定双方当事人、其他案件参加人或代理人有犯罪行为，以及法官在该案件审理过程中有犯罪行为；

（4）作出判决、裁定或决定所依据的法院民事判决、刑事判决、裁定、决定或其他机关的决定已被撤销。

第 333·1 条 法院根据新发现的情况对判决、裁定和决定重新审理

根据新发现的情况对已发生法律效力的判决进行再审，由作出该判决的法院进行。根据新发现的情况对上诉审或监督审中（针对一审法院的改判或新判决）裁定和决定的再审由作出改判或新判决的法院进行。

第 334 条 提出申请

根据新发现的情况请求对原判决、裁定或决定进行再审的申请书，由案件参加人或检察长向作出判决、裁定或决定的法院提出。该项申请可由案件参加人在作为再审理由的情况确定之日起 3 个月内提出。

第 335 条 提出申请期间的计算

提出申请期间的计算方法如下：

（1）在本法典第 333 条第 1 项规定的情况下，自发现对案件具有重大意义的情况之日起算；

（2）在本法典第 333 条第 2 项和第 3 项规定的情况下，自刑事判决发

生法律效力之日起算；

（3）在本法典第 333 条第 4 项规定的情况下，自内容上与构成原判决、裁定或决定理由的刑事判决、民事判决、裁定和决定相反的刑事判决、民事判决、裁定、决定或国家管理机关的决定发生法律效力之日起算。

第 336 条 审理申请

根据新发现的情况请求对判决、裁定和决定进行再审的申请由审判组织开庭审理。应将开庭时间和地点通知申请人和案件参加人，但当事人不到庭不妨碍对申请的审理。

第 337 条 法院对再审案件作出的裁定

法院在审理关于根据新发现情节对判决、裁定或决定进行再审的申请之后，或满足申请，撤销原判决、裁定或决定，或拒绝再审。

根据新发现情况对判决、裁定和决定进行再审的裁定，不得申诉。

如原判决、裁定或决定已被撤销，则案件由法院依照本法典规定的规则加以审理。

俄罗斯联邦刑事诉讼法典[*]

第六编　发生法律效力的刑事判决、裁定和决定的重审

第三十章　监督审诉讼程序

第 371 条　依照监督审程序重审发生法律效力的法院刑事判决、裁定和决定

依照监督审程序重审发生法律效力的法院刑事判决、裁定和决定，只有根据苏联和苏俄法律所授权的检察长和副检察长、法院院长和副院长的抗诉，才能被准许。

有权提出抗诉的主体是：

（1）苏联总检察长——对苏俄任何法院的刑事判决、裁定和决定；

（2）苏联最高法院院长——对苏俄最高法院主席团的决定，以及苏俄最高法院刑事审判庭作出的第一审刑事判决和裁定。

（3）苏联副总检察长——对苏俄任何法院的刑事判决、裁定和决定，但是苏俄最高法院主席团的决定除外；

（4）苏联最高法院副院长——对苏俄最高法院刑事审判庭作出的第一审刑事判决和裁定；

（5）苏俄检察长和副检察长、苏俄最高法院院长和副院长——对苏俄任何法院的刑事判决、裁定和决定，但苏俄最高法院主席团的决定除外；

（6）自治共和国最高法院院长、边区、州、市法院院长，自治州法院

---

[*]　节选自《俄罗斯联邦刑事诉讼法典》，苏方遒、徐鹤喃、白俊华译，中国政法大学出版社 1999 版。

和自治区法院院长,自治共和国检察长,边区、州、市、自治州和自治区检察长——对区(市)人民法院的刑事判决和裁定,以及依照上诉审程序审理案件的有关自治共和国最高法院、边区、州、市法院、自治州法院和自治区法院的刑事审判庭的裁定;

对军事法庭的刑事判决提出抗诉,应当依照军事法庭条例规定的程序办理。

提出抗诉的人有权撤回抗诉。检察长提出的抗诉,可以被上级检察长撤回。撤回抗诉只有在审理该项抗诉的审判庭开庭以前才被准许。

(根据苏俄最高苏维埃主席团1983年8月8日法令修订;见《苏俄最高苏维埃公报》1983年第32期第1153号。)

第372条 法院刑事判决、裁定和决定的中止执行

根据《苏联和加盟共和国刑事诉讼纲要》第48条的规定,苏联总检察长和副总检察长、苏联最高法院院长和副院长,有权在自己的职权范围内在依照监督审程序解决案件以前,中止执行已被提出抗诉的苏俄任何法院的刑事判决、裁定和决定。

首席军事检察长和苏联最高法院军事审判庭庭长有权中止任何军事法庭的刑事判决、裁定和决定的执行;而副首席军事检察长有权中止陆军军事法庭、区舰队、联合部队和卫戍部队军事法庭的刑事判决、裁定和决定的执行。

苏俄检察长和副检察长,苏俄最高法院院长和副院长有权在依照监督审程序解决案件以前,中止执行已被提出抗诉的苏俄任何法院的刑事判决、裁定和决定;但苏俄最高法院主席团决定除外。

在具有能证明有明显的违法情况的材料时,本条第1款和第2款规定的人员有权在提出抗诉以前,中止执行刑事判决、裁定和决定,同时调取刑事案件;但中止执行的时间不得超过3个月。

(根据苏俄最高苏维埃主席团1977年3月11日和1983年8月8日法令修订;见《苏俄最高苏维埃公报》1977年第12期第257号、1983年第32期第1153号)

第373条 依照监督审程序重审法院刑事判决、裁定和决定的期限

对于涉及因判刑过轻而必须对被判刑人适用规定较重犯罪的法律或者由于其他原因导致被判刑人地位恶化的法院宣告有罪的刑事判决、裁定和决定,以及对于法院宣告的无罪刑事判决或者终止诉讼的裁定或决定,依

照监督审程序重审，只有在其发生法律效力后的1年以内进行，才能准许。

（根据苏俄最高苏维埃主席团1983年8月8日法令修订；见《苏俄最高苏维埃公报》1983年第32期第1153号。）

第374条 依照监督审程序审理抗诉案件的法院

自治共和国最高法院、边区、州、市法院、自治州法院和自治区法院的主席团审理对这些法院的上诉裁定提出的抗诉的案件，审理对区（市）人民法院的已发生法律效力的刑事判决和裁定提出抗诉的案件和对人民审判员关于交付审判的决定提出抗诉的案件。

苏俄最高法院刑事审判庭审理对全共和国的法院所作出的已经发生法律效力的刑事判决和裁定提出抗诉的案件；审理对自治共和国最高法院审判员、边区、州、市法院审判员、自治州和自治区法院审判员关于交付审判的决定提出抗诉的案件，如果这些刑事判决、裁定和决定没有成为苏俄最高法院上诉审理的对象；以及审理对各自治共和国最高法院、边区、州、市法院、自治州法院和自治区法院主席团决定提出抗诉的案件。

苏俄最高法院主席团审理对苏俄最高法院刑事审判庭和军事审判庭的刑事判决和裁定提出抗诉的案件；以及审理对苏俄最高法院审判员交付审判的决定提出抗诉的案件。

已经在第一审或者第二审或者在苏俄最高法院刑事审判庭依照监督审程序参加审理案件的主席团成员，不能作为法院主席团组成人员参加这个案件的审理。

如果自治共和国最高法院、边区、州、市法院、自治州法院和自治区法院的主席团多数成员已经在第一审或者上诉审法院参加过这个案件的审理，而抗诉是由该法院院长或者自治共和国、边区、州、市、自治州、自治区检察长提出的，那么提出抗诉的人应将案件相应地提交给苏俄最高法院院长或者苏俄检察长，以便讨论依监督审程序向苏俄最高法院提出抗诉的问题。

在苏联总检察长或者副总检察长、苏俄最高法院院长或者副院长、苏俄检察长或者副检察长对这类案件提出抗诉时，应当将案件提交给苏俄最高法院刑事审判庭依照监督审程序进行审理。

（根据苏俄最高苏维埃主席团1963年9月10日、1983年8月8日法令和俄罗斯联邦1992年5月29日第2869-1号、1992年7月3日第3200-1号法令修订；见《俄罗斯联邦最高苏维埃公报》1963年第36期第661号、

1983 年第 32 期第 1153 号和《俄罗斯联邦人民代表会议和俄罗斯联邦最高苏维埃公报》1992 年第 27 期第 1560 号、第 30 期第 1794 号。)

第 375 条　调取刑事案件

本法典第 371 条所规定的人员，为解决对已发生法律效力的法院刑事判决、裁定或者决定提出抗诉问题，有权在自己的职权范围内调取任何刑事案件。

在必要时，可以提请上级检察长依照监督审程序提出抗诉的区（市）检察长，也有权从区（市）人民法院调取案件。

（根据苏俄最高苏维埃主席团 1983 年 8 月 8 日法令修订；见《苏俄最高苏维埃公报》1983 年第 32 期第 1153 号。）

第 376 条　对于已经调取的案件作出处理

本法典第 371 条规定的人员，经过审查认为法院对调取的案件所作出的法院刑事判决、裁定和决定不合法或者没有根据时，应当提出抗诉，并将案件随同抗诉书送交有关监督审法院。

如果调取案件的人员在案件中发现没有提出抗诉的理由，应当将这种情形通知曾经申请调取案件实行审查的人员、机关或者团体，并指出拒绝提出抗诉的理由，并将案件送还原来的法院。

第 377 条　审理抗诉案件的程序

监督审法院根据抗诉对已经发生法律效力的刑事判决、裁定或者决定的案件决定开庭审理，应在从收到抗诉案件时起 15 日内进行；而苏俄最高法院应当在 1 个月的期限内开庭审理。

在依监督审程序审理案件时，参加的人员包括：

（1）自治共和国最高法院、边区、州、市法院、自治州和自治区法院的主席团审理案件时，由各该自治共和国、边区、州、市、自治州、自治区的检察长参加；

（2）苏俄最高法院刑事审判庭审理案件时，由苏俄检察长委托的检察长参加；

（3）苏俄最高法院主席团审理案件时，由苏俄检察长或副检察长参加；

在必要时，为了说明情况，依照监督审程序审理案件的审判庭，可以传唤被判刑人、宣告无罪的人和他们的辩护人、未成年人的法定代理人、被害人和他的代理人、民事原告人、民事被告人和他们的代理人到庭。

要保证被传唤到庭的人员有机会了解抗诉书或鉴定书的内容。

案件应当由法院院长或者由他指定的以前没有参加过审理该案的主席团成员或者法庭成员作出报告。

报告人说明案件情况、刑事判决、裁定和决定的内容，以及抗诉书的内容。各方可以向报告人提出问题。

如果被判刑人、宣告无罪的人和他们的辩护人、未成年人的法定代理人、被害人和他的代理人、民事原告人、民事被告人和他们的代理人出席了审判庭，他们有权在审判员的报告以后提出自己的口头辩解。

然后，由检察长发言支持由他提出的抗诉或者对法院院长或者副院长提出的抗诉发表意见；此后审判员作出决定；而苏俄最高法院刑事审判庭则作出以多数票通过的裁定。

在票数相等的情况下，抗诉作为没有得到多数票通过，而认为是被驳回的。

第378条　审理抗诉的法院裁定和决定

依照监督审程序审理案件的结果，法院可以：

（1）驳回抗诉；

（2）撤销刑事判决及法院随后作出的全部裁定和决定，并终止诉讼，或者将案件转交重新侦查或重新审判；

（3）撤销上诉审的裁定，如果法院以后曾作出过裁定和决定，也将这些裁定和决定撤销，并将案件转交上诉审重新审理。

（4）撤销依监督审程序作出的裁定和决定，维持法院刑事判决和上诉审裁定的效力、加以变更或者不予变更；

（5）对法院刑事判决、裁定或者决定加以变更。

依照监督审程序审理案件的法院，在具备本法典第21·2条规定的情形时，应作出裁定（决定）。

（根据苏俄最高苏维埃主席团1983年8月8日法令修订；见《苏俄最高苏维埃公报》1983年第32期第1153号。）

第379条　撤销或者变更已发生法律效力的法院刑事判决、裁定和决定的理由

本法典第342条规定的情况，是依照监督审程序审理案件时撤销或者变更刑事判决的理由。

如果审理抗诉的法院认为第一审法院作出了不合法或者没有根据的裁

定或决定；上级法院毫无根据地维持、撤销或者变更先前案件的刑事判决、裁定或决定；或者上级法院审理案件时有已经影响或可能影响所作裁定或决定正确性的违法行为时，第一审法院的裁定、审判员的决定、上诉审的裁定、监督审的裁定和决定应当被撤销或者变更。

（根据苏俄最高苏维埃主席团1983年8月8日法令修订；见《苏俄最高苏维埃公报》1983年第32期第1153号。）

第380条 监督审的权限

在依照监督审程序审理案件时，法院不受抗诉理由的限制，而必须全面审查案件的全部程序。

法院依照监督审程序审理案件时，有权减轻对被判刑人所判处的刑罚，或者适用规定较轻犯罪的法律，但无权加重刑罚，以及适用规定较重的法律。

监督审法院认为第一审法院或上诉审法院宣告受审人无罪或终止诉讼不正确，以及对被判刑人判处的刑罚过轻，与所犯罪行不相符时，有权依照本法第373条所规定的条件，撤销原来的刑事判决或裁定，并将案件送交有关的第一审法院或上诉审法院重新审理。

监督审法院将案件发还第一审法院时，应当指明案件发还重新开始审理的阶段。

如果没有根据地终止诉讼或不合法地减轻被判刑人的刑罚是在依照监督审程序审理案件时发生的，上级监督审法院有权撤销下级监督审法院的裁定或决定，维持、变更或者不予变理第一审法院的刑事判决和上诉审的裁定。

对一案中几个受审人判处刑罚或者宣告无罪时，法院无权撤销没有提出抗诉的被宣告无罪的人或被判刑人的刑事判决、裁定或决定。

如果刑事判决、裁定或决定的撤销会恶化依监督程序审理案件的法院确定的受审人的地位，应当补充侦查和由法院进行第二次审判。

依照监督审程序审理案件的法院，无权确定或认为在刑事判决中没有被确定或者已被推翻的事实得到了证明；也无权预先决定关于控诉得到证实或没有得到证实的问题，关于某种证据确实可靠或不确实可靠和某些证据优于另一证据的问题、以及关于第一审法院适用某一刑法和刑罚方法的问题。

同样，法院在依监督审程序审理案件而撤销上诉审的裁定时，也无权预先决定上诉审法院在重新审理案件时可能作出的结论。

（根据苏俄最高苏维埃主席团1983年8月8日法令修订；见《苏俄最高苏维埃公报》1983年第32期第1153号。）

第381条　裁定或决定的内容

法院主席团审理案件时所作出的决定或者苏俄最高法院刑事审判庭依监督审程序作出的裁定，应当符合本法典第351条的要求。

裁定应当由法庭全部组成人员签名，而决定则应当由主席团主席签名。

法院的裁定或者决定应当和抗诉书一并入卷。

（根据苏俄最高苏维埃主席团1983年8月8日法令修订；见《苏俄最高苏维埃公报》1983年第32期第1153号。）

第382条　在撤销原有刑事判决或上诉审法院的裁定后对案件的审理

在撤销原有刑事判决或上诉审裁定以后，应当依照一般程序审理案件。

如果原来的刑事判决或裁定由于处刑过轻或者必须适用规定更重犯罪的法律而依照监督审程序被撤销，以及在刑事判决撤销后对案件进行重新侦查中已经查明了足以证实刑事被告人犯有更严重罪行，有关的第一审或第二审法院审理案件时，加重刑罚或者适用规定更重犯罪的法律，才能被准许。

第一审法院在重新审理案件时所作出的判决，可以依照普通程序提出上诉和抗诉。

第383条　提出再次抗诉

对于依照上诉审程序或监督审程序撤销以前的刑事判决、裁定或者决定后所作出的第二次刑事判决、裁定或决定，无论法院第一次刑事判决、裁定或决定被撤销的理由如何，都可以根据一般理由提出抗诉。

（根据苏俄最高苏维埃主席团1983年8月8日法令修订；见《苏俄最高苏维埃公报》1983年第32期第1153号。）

第三十一章　因新发现的情况而恢复诉讼

第384条　因新发现情况而恢复诉讼的理由

已经发生法律效力的法院刑事判决、裁定和决定，可以因新发现的情况而被撤销。

因新发现的情况而恢复刑事诉讼的理由包括：

（1）已经发生法律效力的法院刑事判决判明证人的陈述或鉴定人的意见明显是虚假的，以及物证、侦查与审判活动的笔录和其他文件是伪造的，或者翻译是明显虚假的，因而导致作出了没有根据或不合法的刑事判决；

（2）已经发生法律效力的法院刑事判决判明审判员在审理本案时有舞弊的犯罪行为；

（3）已经发生法律效力的法院刑事判决判明案件的侦查人员有舞弊的犯罪行为，因而导致作出了没有根据和不合法的刑事判决或者终止诉讼的法院裁定；

（4）法院在作出刑事判决或裁定时不知悉的其他情况本身，或者与从前所认定的情况同时证明被判刑人无罪或者实施的犯罪比被判处的罪行轻或重，以及证明被宣告无罪的人或对其终止诉讼的人是有罪的。

由于时效期限届满、发布大赦令或特赦令以及由于刑事被告人死亡而不能作出刑事判决时，本条第（1）项至第（3）项所规定的新发现情况，应当依本法典第387条规定的程序通过侦查予以查明。

第385条 因新发现情况而恢复诉讼的期限

重审无罪的刑事判决、终止诉讼的法院裁定和决定，以及重审有罪的刑事判决、由于处刑过轻或者必须对被判刑人适用更重犯罪的法律的法院裁定和决定，只有在苏俄刑法典第48条规定的追究刑事责任的时效期限内，并且从新发现情况之日起1年内进行，才被准许。

因新发现有利于被判刑人的情况而重审有罪刑事判决，不受期限的限制。

为了恢复被判刑人的名誉，被判刑人的死亡不能妨碍因新发现情况而恢复诉讼。

第386条 因新发现情况而恢复诉讼

关于新发现情况的公民申请和企业、机关、团体和公职人员的报告，应向检察长提出。

在具有本法典第384条规定的理由之一时，检察长应当在自己的职权范围内作出，因新发现情况而恢复诉讼的决定，并对这些情况进行侦查或者委托给侦查人员办理。

在对新发现的情况进行侦查时，可以依照本法典的规定，进行讯问、检查、鉴定、提取和其他必要的侦查行为。

如果检察长认为没有因新发现情况而恢复诉讼的理由时，应作出决定拒绝恢复诉讼并说明理由。

检察长的决定应当通知利害关系人、企业、机关或者团体，他们都可以向上级检察长提出申诉。

（根据苏俄最高苏维埃主席团 1983 年 8 月 8 日法令修订；见《苏俄最高苏维埃公报》1983 年第 32 期第 1153 号。）

第 387 条　新发现情况侦查终结后检察长的行为

对新发现情况侦查终结后，具有应恢复诉讼理由的，检察长应当依照本法典第 388 条的规定，将案件及侦查材料和自己的意见通过有关的上级检察长送交法院。

在没有恢复诉讼的理由时，检察长应作出决定，终止诉讼并说明自己的根据。这种决定应当通知可以向上级检察长提出申诉的利害关系人、企业、机关和团体。

（根据苏俄最高苏维埃主席团 1983 年 8 月 8 日法令修订；见《苏俄最高苏维埃公报》1983 年第 32 期第 1153 号。）

第 388 条　法院解决因新发现情况而恢复诉讼的问题

因新发现情况而恢复诉讼的程序如下：

（1）对于区（市）人民法院的刑事判决和裁定——由相应的上级法院主席团予以恢复；

（2）对自治共和国最高法院、边区、州、市法院、自治州和自治区法院的刑事判决、裁定和决定——由苏俄最高法院刑事审判庭予以恢复；

（3）对于苏俄最高法院在第一审中作出的刑事判决、裁决和苏俄最高法院的决定——由苏俄最高法院主席团予以恢复。

以前依上诉审程序或者监督审程序对案件的审理，不能妨碍在同一审级依照因新发现情况而恢复诉讼的程序对案件进行审理。

因新发现情况而恢复诉讼的案件，依照本法典第 377 条的规定在审判庭处理。

（根据苏俄最高苏维埃主席团 1983 年 8 月 8 日法令修订；见《苏俄最高苏维埃公报》1983 年第 32 期第 1153 号。）

第 389 条　审查检察长意见的法院裁定和决定：

法院主席团因新发现情况而对案件审理后，作出如下决定，而苏俄最高法院刑事审判庭则作出如下裁定：

（1）撤销法院的刑事判决、裁定或决定，并将案件送交重新侦查或重新审理；

（2）撤销法院的刑事判决、裁定或决定，并终止诉讼；

（3）驳回检察长的意见。

第 390 条　因新发现情况而恢复诉讼后的程序

因新发现情况而撤销刑事判决恢复诉讼以后，进行侦查和法庭审理以及重新作出的刑事判决的上诉程序，都依照一般的规定办理。

对于因新发现情况而被撤销刑事判决的案件进行审理时，第一审法院不受已被撤销的刑事判决所判处的刑罚所约束。

台湾地区"民事诉讼法"

(2007年更新)

第五编 再审程序

第四百九十六条（再审事由1）

有下列各款情形之一者，得以再审之诉对于确定终局判决声明不服。但当事人已依上诉主张其事由或知其事由而不为主张者，不在此限：

一、适用法规显有错误者。

二、判决理由与主文显有矛盾者。

三、判决法院之组织不合法者。

四、依法律或裁判应回避之法官参与裁判者。

五、当事人于诉讼未经合法代理者。

六、当事人知他造之住居所，指为所在不明而与涉讼者。但他造已承认其诉讼程序者，不在此限。

七、参与裁判之法官关于该诉讼违背职务犯刑事上之罪者，或关于该诉讼违背职务受惩戒处分，足以影响原判决者。

八、当事人之代理人或他造或其代理人关于该诉讼有刑事上应罚之行为，影响于判决者。

九、为判决基础之证物系伪造或变造者。

十、证人、鉴定人、通译、当事人或法定代理人经具结后，就为判决基础之证言、鉴定、通译或有关事项为虚伪陈述者。

十一、为判决基础之民事、刑事、行政诉讼判决及其他裁判或行政处分，依其后之确定裁判或行政处分已变更者。

十二、当事人发现就同一诉讼标的在前已有确定判决或和解、调解或得使用该判决或和解、调解者。

十三、当事人发现未经斟酌之证物或得使用该证物者。但以如经斟酌可受较有利益之裁判者为限。

前项第七款至第十款情形,以宣告有罪之判决或处罚锾之裁定已确定,或因证据不足以外之理由,而不能为有罪之确定判决或罚锾之确定裁定者为限,得提起再审之诉。

第二审法院就该事件已为本案判决者,对于第一审法院之判决不得提起再审之诉。

第四百九十七条(再审事由2)

依第四百六十六条不得上诉于第三审法院之事件,除前条规定外,其经第二审确定之判决,如就足影响于判决之重要证物,漏未斟酌,或当事人有正当理由不到场,法院为一造辩论判决者,亦得提起再审之诉。

第四百九十八条(再审事由3)

为判决基础之裁判,如有前二条所定之情形者,得据以对于该判决提起再审之诉。

第四百九十八条之一(不得提起再审之事由)

再审之诉,法院认无再审理由,判决驳回后,不得以同一事由,对于原确定判决或驳回再审之诉之确定判决,更行提起再审之诉。

第四百九十九条(再审管辖法院)

再审之诉,专属为判决之原法院管辖。

对于审级不同之法院就同一事件所为之判决,提起再审之诉者,专属上级法院合并管辖。但对于第三审法院之判决,系本于第四百九十六条第一项第九款至第十三款事由,声明不服者,专属原第二审法院管辖。

第五百条(提起再审之期间)

再审之诉,应于三十日之不变期间内提起。

前项期间,自判决确定时起算,判决于送达前确定者,自送达时起算;其再审之理由发生或知悉在后者,均自知悉时起算。但自判决确定后已逾五年者,不得提起。

以第四百九十六条第一项第五款、第六款或第十二款情形为再审之理由者,不适用前项但书之规定。

第五百零一条(提起再审之程序)

再审之诉,应以诉状表明下列各款事项,提出于管辖法院为之:

一、当事人及法定代理人。

二、声明不服之判决及提起再审之诉之陈述。

三、应于如何程度废弃原判决及就本案如何判决之声明。

四、再审理由及关于再审理由并遵守不变期间之证据。

再审诉状内,宜记载准备本案言词辩论之事项,并添具确定终局判决缮本或复印件。

第五百零二条(再审之诉之驳回1)

再审之诉不合法者,法院应以裁定驳回之。

再审之诉显无再审理由者,得不经言词辩论,以判决驳回之。

第五百零三条(本案审理之范围)

本案之辩论及裁判,以声明不服之部分为限。

第五百零四条(再审之诉之驳回2)

再审之诉,虽有再审理由,法院如认原判决为正当者,应以判决驳回之。

第五百零五条(各审程序之准用)

除本编别有规定外,再审之诉讼程序,准用关于各该审级诉讼程序之规定。

第五百零五条之一(再审之诉之准用规定)

第三百九十五条第二项之规定,于再审之诉准用之。

第五百零六条(判决之效力)

再审之诉之判决,于第三人以善意取得之权利无影响。

第五百零七条(准再审)

裁定已经确定,而有第四百九十六条第一项或第四百九十七条之情形者,得准用本编之规定,声请再审。

第五编之一 第三人撤销诉讼程序

第五百零七条之一(第三人撤销诉讼程序——要件)

有法律上利害关系之第三人,非因可归责于己之事由而未参加诉讼,致不能提出足以影响判决结果之攻击或防御方法者,得以两造为共同被告对于确定终局判决提起撤销之诉,请求撤销对其不利部分之判决。但应循其他法定程序请求救济者,不在此限。

第五百零七条之二(第三人撤销之诉——管辖法院)

第三人撤销之诉,专属为判决之原法院管辖。

对于审级不同之法院就同一事件所为之判决合并提起第三人撤销之诉,或仅对上级法院所为之判决提起第三人撤销之诉者,专属原第二审法院管辖。其未经第二审法院判决者,专属原第一审法院管辖。

第五百零七条之三（第三人撤销之诉——原确定判决效力）

第三人撤销之诉无停止原确定判决执行之效力。但法院因必要情形或依声请定相当并确实之担保,得于撤销之诉声明之范围内对第三人不利部分以裁定停止原确定判决之效力。

关于前项裁定,得为抗告。

第五百零七条之四（第三人撤销之诉——变更原判决）

法院认第三人撤销之诉为有理由者,应撤销原确定终局判决对该第三人不利之部分,并依第三人之声明,于必要时,在撤销之范围内为变更原判决之判决。

前项情形,原判决于原当事人间仍不失其效力。但诉讼标的对于原判决当事人及提起撤销之诉之第三人必须合一确定者,不在此限。

第五百零七条之五（第三人撤销之诉之准用规定）

第五百条第一项、第二项、第五百零一条至第五百零三条、第五百零五条、第五百零六条之规定,于第三人撤销之诉准用之。

台湾地区"刑事诉讼法"*

第五编 再审

第四百二十条〔为受判决人利益声请再审之理由（一）〕

有罪之判决确定后，有左列情形之一者，为受判决人之利益，得声请再审：

一、原判决所凭之证物已证明其为伪造或变造者。

二、原判决所凭之证言、鉴定或通译已证明其为虚伪者。

三、受有罪判决之人，已证明其系被诬告者。

四、原判决所凭之通常法院或特别法院之裁判已经确定裁判变更者。

五、参与原判决或前审判决或判决前所行调查之法官，或参与侦查或起诉之检察官，因该案件犯职务上之罪已经证明者，或因该案件违法失职已受惩戒处分，足以影响原判决者。

六、因发见确实之新证据，足任受有罪判决之人应受无罪、免诉、免刑或轻于原判决所认罪名之判决者。

前项第一款至第三款及第五款情形之证明，以经判决确定，或其刑事诉讼不能开始或续行非因证据不足者为限，得声请再审。

第四百二十一条〔为受判决人利益声请再审之理由（二）〕

不得上诉于第三审法院之案件，除前条规定外，其经第二审确定之有罪判决，如就足生影响于判决之重要证据漏未审酌者，亦得为受判决人之利益，声请再审。

第四百二十二条〔为受判决人之不利益声请再审之理由〕

有罪、无罪，免诉或不受理之判决确定后，有左列情形之一者，为受

---

* 节选自张知本编、林纪东续编：《最新六法全书》，台北大中国图书公司印行。

判决人之不利益，得声请再审：

一、有第四百二十条第一款、第二款、第四款或第五款之情形者。

二、受无罪或轻于相当之刑之判决而于诉讼上或诉讼外自白，或发见确实之新证据，足任其有应受有罪或重刑判决之犯罪事实者。

三、受免诉或不受理之判决，而于诉讼上或诉讼外自述，或发见确实之新证据，足任其并无免诉或不受理之原因者。

第四百二十三条〔声请再审之期间（一）〕

声请再审于刑罚执行完毕后，或已不受执行时，亦得为之。

第四百二十四条〔声请再审之期间（二）〕

依第四百二十一条规定，因重要证据漏未审酌而声请再审者，应于送达判决后二十日为之。

第四百二十五条〔声请再审之期间（三）〕

为受判决之不利益声请再审，于判决确定后，经过刑法第八十条第一项期间二分之一者，不得为之。

第四百二十六条〔再审之管辖法院〕

声请再审，由判决之原审法院管辖。

判决之一部曾经上诉，一部未经上诉，对于各该部分均声请再审，而经第二审法院就其在上诉审确定之部分为开始再审之裁定者，其对于在第一审确定之部分声请再审，亦应由第二审法院管辖之。

判决在第三审确定者，对于该判决声请再审，除以第三审法院之推事有第四百二十条第五款情形为原因者外，应由第二审法院管辖之。

第四百二十七条〔声请再审权人（一）——为受判决人利益〕

为受判决人之利益声请再审，得由左列各人为之：

一、管辖法院之检察官。

二、受判决人。

三、受判决人之法定代理人或配偶。

四、受判决人已经死亡者，其配偶、直系血亲、三亲等内之旁系血亲、二亲等内之姻亲或家长、亲属。

第四百二十八条〔声请再审权人（二）——为受判决人不利益〕

为受判决人之不利益声请再审，得由管辖法院之检察官及自诉人为之，但自诉人声请再审者，以有第四百二十二条第一款规定之情形为限。

自诉人已丧失行为能力或死亡者，得由第三百十九条第一项所列得为提起自诉之人,为前项之声请。

第四百二十九条〔声请之程式〕

声请再审,应以再审书状叙述理由,附具原判决之缮本及证据,提出于管辖法院为之。

第四百三十条〔声请再审之效力〕

声请再审,无停止刑罚执行之效力。但管辖法院之检察官于再审之裁定前,得命停止。

第四百三十一条〔再审声请之撤回及其效力〕

再审之声请,于再审判决前,得撤回之。

撤回再审声请之人,不得更以同一原因声请再审。

第四百三十二条〔撤回上诉规定之准用〕

第三百五十八条及第三百六十条之规定,于声请再审及其撤回准用之。

第四百三十三条〔声请不合法之裁定——裁定驳回〕

法院认为声请再审之程序违背规定者,应以裁定驳回之。

第四百三十四条〔声请无理由之裁定——裁定驳回〕

法院认为无再审理由者,应以裁定驳回之。

经前项裁定后,不得更以同一原因声请再审。

第四百三十五条〔声请有理由之裁定——开始再审之裁定〕

法院认为有再审理由者,应为开始再审之裁定。

为前项裁定后,得以裁定停止刑罚之执行。

对于第一项之规定,得于三日内抗告。

第四百三十六条〔再审之审判〕

开始再审之裁定确定后,法院应依其审级之通常程序,更为审判。

第四百三十七条〔言词审理之例外(四)〕

受判决人已死亡者,为其利益声请再审之案件,应不行言词辩论,由检察官或自诉人以书状陈述意见后,即行判决。但自诉人已丧失行为能力或死亡者,得由第三百三十二条规定得为承受诉讼之人于一个月内声请法院承受诉讼;如无承受诉讼之人或逾期不为承受者,法院得径行判决,或通知检察官陈述意见。

为受判决人之利益声请再审之案件,受判决人于再审判决前死亡者,准用前项规定。

依前二项规定所为之判决，不得上诉。

第四百三十八条〔终结再审程序〕

为受判决人之不利益声请再审之案件，受判决人于再审判决前死亡者，其再审之声请及关于再审之裁定，失其效力。

第四百三十九条〔禁止不利益变更原则（二）〕

为受判决人之利益声请再审之案件，谕知有罪之判决者，不得重于原判决所谕知之刑。

第四百四十条〔再审谕知无罪判决之公示〕

为受判决人之利益声请再审之案件，谕知无罪之判决者，应将该判决书刊登公报或其他报纸。

台湾地区"行政诉讼法"*

第五编 再审程序

第二百七十三条 有下列各款情形之一者,得以再审之诉对于确定终局判决声明不服。但当事人已依上诉主张其事由或知其事由而不为主张者,不在此限:

一、适用法规显有错误。

二、判决理由与主文显有矛盾。

三、判决法院之组织不合法。

四、依法律或裁判应回避之法官参与裁判。

五、当事人于诉讼未经合法代理或代表。

六、当事人知他造之住居所,指为所在不明而与涉讼。但他造已承认其诉讼程序者,不在此限。

七、参与裁判之法官关于该诉讼违背职务,犯刑事上之罪。

八、当事人之代理人、代表人、管理人或他造或其代理人、代表人、管理人关于该诉讼有刑事上应罚之行为,影响于判决。

九、为判决基础之证物系伪造或变造。

十、证人、鉴定人或通译就为判决基础之证言、鉴定或通译为虚伪陈述。

十一、为判决基础之民事或刑事判决及其他裁判或行政处分,依其后之确定裁判或行政处分已变更。

十二、当事人发现就同一诉讼标的在前已有确定判决或和解或得使用该判决或和解。

---

* 最高人民法院行政审判庭提供。

十三、当事人发现未经斟酌之证物或得使用该证物。但以如经斟酌可受较有利益之裁判为限。

十四、原判决就足以影响于判决之重要证物漏未斟酌。

确定终局判决所适用之法律或命令，经"司法院"大法官依当事人之声请解释为抵触宪法者，其声请人亦得提起再审之诉。

第一项第七款至第十款情形，以宣告有罪之判决已确定，或其刑事诉讼不能开始或续行非因证据不足者为限，得提起再审之诉。

第二百七十四条 为判决基础之裁判，如有前条所定之情形者，得据以对于该判决提起再审之诉。

第二百七十四条之一 再审之诉，行政法院认无再审理由，判决驳回后，不得以同一事由对于原确定判决或驳回再审之诉之确定判决，更行提起再审之诉。

第二百七十五条 （再审之专属管辖法院）

再审之诉专属为判决之原行政法院管辖。

对于审级不同之行政法院就同一事件所为之判决提起再审之诉者，由最高行政法院合并管辖之。

对于最高行政法院之判决，本于第二百七十三条第一项第九款至第十四款事由声明不服者，虽有前二项之情形，仍专属原高等行政法院管辖。

第二百七十六条 再审之诉应于三十日之不变期间内提起。

前项期间自判决确定时起算，判决于送达前确定者，自送达时起算；其再审之理由发生或知悉在后者，均自知悉时起算。

依第二百七十三条第二项提起再审之诉者，第一项期间自解释公布当日起算。

再审之诉自判决确定时起，如已逾五年者，不得提起。但以第二百七十三条第一项第五款、第六款或第十二款情形为再审之理由者，不在此限。

对于再审确定判决不服，复提起再审之诉者，前项所定期间，自原判决确定时起算。但再审之诉有理由者，自该再审判决确定时起算。

第二百七十七条 再审之诉，应以诉状表明下列各款事项，并添具确定终局判决缮本，提出于管辖行政法院为之：

一、当事人。

二、声明不服之判决及提起再审之诉之陈述。

三、应于如何程度废弃原判决及就本案如何判决之声明。

四、再审理由及关于再审理由并遵守不变期间之证据。

再审诉状内，宜记载准备本案言词辩论之事项。

第二百七十八条 再审之诉不合法者，行政法院应以裁定驳回之。

再审之诉显无再审理由者，得不经言词辩论，以判决驳回之。

第二百七十九条 本案之辩论及裁判，以声明不服之部分为限。

第二百八十条 再审之诉虽有再审理由，行政法院如认原判决为正当者，应以判决驳回之。

第二百八十一条 除本编别有规定外，再审之诉讼程序准用关于各该审级诉讼程序之规定。

第二百八十二条 再审之诉之判决，对第三人因信赖确定终局判决以善意取得之权利无影响。但显于公益有重大妨害者，不在此限。

第二百八十三条 裁定已经确定，而有第二百七十三条之情形者，得准用本编之规定，声请再审。

第六编　重新审理

第二百八十四条 因撤销或变更原处分或决定之判决，而权利受损害之第三人，如非可归责于己之事由，未参加诉讼，致不能提出足以影响判决结果之攻击或防御方法者，得对于确定终局判决声请重新审理。

前项声请，应于知悉确定判决之日起三十日之不变期间内为之。但自判决确定之日起已逾一年者，不得声请。

第二百八十五条 重新审理之声请准用第二百七十五条第一项、第二项管辖之规定。

第二百八十六条 声请重新审理，应以声请状表明下列各款事项，提出于管辖行政法院为之：

一、声请人及原诉讼之两造当事人。

二、声请重新审理之事件，及声请重新审理之陈述。

三、就本案应为如何判决之声明。

四、声请理由及关于声请理由并遵守不变期间之证据。

声请状内，宜记载准备本案言词辩论之事项。

第二百八十七条 声请重新审理不合法者，行政法院应以裁定驳回之。

第二百八十八条 行政法院认为第二百八十四条第一项之声请有理由者，应以裁定命为重新审理；认为无理由者，应以裁定驳回之。

第二百八十九条 声请人于前二条裁定确定前得撤回其声请。

撤回声请者，丧失其声请权。

声请之撤回，得以书状或言词为之。

第二百九十条 开始重新审理之裁定确定后，应即回复原诉讼程序，依其审级更为审判。

声请人于回复原诉讼程序后，当然参加诉讼。

第二百九十一条 声请重新审理无停止原确定判决执行之效力。但行政法院认有必要时，得命停止执行。

第二百九十二条 第二百八十二条之规定于重新审理准用之。

澳门民事诉讼法典[*]

第三卷 普通宣告诉讼程序

第一编 通常诉讼程序

第六章 上诉

第三节 非常上诉

第一分节 再审上诉

第六百五十三条 （依据）

基于下列之依据，方可对已确定之裁判提起再审上诉：

a) 透过已确定之判决显示出上述裁判系因法官或参与裁判之任一法官渎职、违法收取利益或受贿而作出者；

b) 透过已确定之判决确认法院之文件或行为、陈述或证言又或鉴定人之声明出现虚假情况，而该将予再审之裁判可能因此等虚假情况而作出者；但在作出该裁判之诉讼程序中曾就该等虚假问题进行讨论者除外；

c) 有人提交当事人不知悉之文件或提交当事人于作出该裁判之诉讼程序中未能加以利用之文件，而单凭该文件足以使该裁判变更成一个对败诉当事人较为有利之裁判；

d) 该裁判所依据之认诺、请求之舍弃、诉之撤回或和解，被已确定

---

* 节选自中国政法大学澳门研究中心、澳门政府法律翻译办公室编：《澳门民事诉讼法典》，中国政法大学出版社1999年版。

之判决宣告为无效或予以撤销；

e）认诺、请求之舍弃、诉之撤回或和解因违反第七十九条及第二百三十九条之规定而属无效，但不影响第二百四十三条第三款规定之适用；

f）显示出未有作出传唤或所作之传唤属无效，以致有关诉讼及执行程序又或仅有关诉讼因被告绝对无参与而在被告不到庭之情况下进行；

g）该裁判与先前作出、对当事人构成裁判已确定之案件之另一裁判有所抵触。

第六百五十四条　（上诉权之限制）

对于已透过再审上诉提出争执之裁判，不得再行提起再审上诉，但基于其后始显示出之依据提起者除外。

第六百五十五条　（上诉权之失效）

如所作之裁判成为确定裁判已逾五年，则提起再审上诉之权利失效。

第六百五十六条　（提起上诉之期间）

提起再审上诉之期间为六十日，其起算时间如下：

a）在第六百五十三条 a 项、b 项及 d 项所指之情况下，期间自再审上诉所依据之判决确定时起算；

b）在其他情况下，期间自当事人获得作为再审上诉依据之文件或知悉作为再审上诉依据之事实之日起算。

第六百五十七条　（提前上诉）

如再审上诉所依据之案件在进行程序方面，因出现异常之延误而使提起再审上诉之权利有失效之虞者，则即使对该案件仍未作出裁判，利害关系人亦得提起再审上诉，但须立即声请中止再审上诉之诉讼程序，直至该裁判确定为止。

第六百五十八条　（受理上诉之法院）

再审上诉须于将行再审之裁判之卷宗所在法院提起，但须致予作出该裁判之法院。

第六百五十九条　（声请书之组成）

一、提起上诉之声请应详细说明上诉之依据。

二、在第六百五十三条 a 项、b 项、c 项、d 项及 g 项所指之情况下，声请人应连同上诉声请书一并提交有关判决之证明或有关请求所依据之文件；在其他情况下，声请人应尽量证实存有所援引之依据。

三、提起上诉之声请须以有关卷宗之附文方式作成卷宗。

第六百六十条　（立即驳回）

一、于法院提起再审上诉时，如该法院非为上诉所致予之法院，则将有关卷宗移送予后者。

二、未按上条规定提出上诉声请或组成有关卷宗时，又或明显无提起再审上诉之依据时，上诉声请所致予之法院驳回该声请，但不影响第五百九十四条第一款及第二款之适用。

三、如上诉获受理，则通知他方当事人本人于二十日内作出答复。

四、再审上诉不具中止效力。

第六百六十一条　（审判）

一、被上诉人作出答复或答复之期间届满后，法院须采取必需之措施，并审理再审上诉之依据。

二、如再审上诉系致予上级法院，则上级法院得要求上呈卷宗之第一审法院采取必需之措施。

三、对再审诉讼程序中所作之各裁判得提起平常上诉，只要该等裁判在作出受争执之判决之诉讼程序中作出时，系可提起平常上诉者。

第六百六十二条　（再审上诉之理由成立）

如裁定再审依据理由成立，则废止再审所针对之裁判，且须遵守下列规定：

a）属第六百五十三条 f 项所指之情况者，须撤销传唤被告后或原应作出该传唤之时以后在该诉讼程序中所作之行为，且须命令传唤被告参与有关诉讼；

b）属同条 a 项及 c 项之情况者，须作出新裁判，并采取必需之措施，且给予每一当事人二十日之期间以作书面陈述；

c）属 b 项、d 项及 e 项之情况者，须遵循必需之程序，以便重新对案件进行调查及审判，为此可利用诉讼程序中未受再审依据影响之部分。

第六百六十三条　（担保之提供）

判决之执行程序正处待决或请求进行该程序时，如请求执行之人或任何债权人不提供担保，均不得向其支付金钱或其他财产。

第二分节　基于第三人反对而提起之上诉

第六百六十四条　（依据）

如争议系基于当事人间之虚伪行为，且法院因不知悉有关之欺诈行为而无行使第五百六十八条赋予其之权力，则在有关终局裁判确定后，受该裁判影响之人得透过基于第三人反对而提起之上诉对该裁判提出争执。

第六百六十五条 （提起上诉之正当性）

一、为提起前述上诉之目的，作出受争执之裁判之诉讼程序进行时无参与，亦无代理在该诉讼中败诉一方之人，以及仅透过其法定代理人以当事人身份参与有关诉讼之无行为能力人，视为第三人。

二、如受争执之裁判系各当事人为损害上诉人之利益，故意或互相勾结而导致者，则任何当事人之继受人及债权人尤其具有提起前述上诉之正当性。

第六百六十六条 （提起上诉之期间）

一、只要上诉人欲提出争执之裁判确定后未逾五年，其得于知悉该裁判之日起三个月期间内提起上诉。

二、对于属上条第一款所指情况之无行为能力人，提起上诉之期间仅在其无行为能力之状况终止后经过一年方届满。

第六百六十七条 （上诉之程序）

一、上诉须致予作出上诉所针对之裁判之法院；如卷宗正处另一法院，则提起上诉之声请须向此法院提交，而声请须以附文方式作成卷宗，并移送具管辖权之法院。

二、上诉获受理后，须通知被上诉人本人于二十日内作出答复；作出答复后或答复之期间届满后，须以简要方式证实当事人陈述之依据是否存在，并裁判上诉应否继续进行。

三、如上诉继续进行，须遵循作出被提起上诉之判决之诉讼所采用之程序中提交诉辩书状之阶段结束后之步骤。

四、第六百六十三条之规定，适用于上诉所针对之裁判之执行。

第六百六十八条 （向上级法院提出反对）

如上诉系致予上级法院，则视乎情况，按向中级法院或终审法院提起平常上诉之程序进行，且对该程序须作出必要之配合；但不能于该等法院进行必需之证明措施时，须要求上呈卷宗之第一审法院采取该等措施。

第六百六十九条 （上诉）

对基于第三人反对而提起之上诉所作之裁判，受上诉之一般制度规范，但须考虑该裁判由何法院作出。

澳门刑事诉讼法典*

第九卷 上 诉

第二编 非常上诉

第二章 再 审

第四百三十一条 （再审之依据及可受理性）

一、如属下列情况，可对确定判决进行再审：

a) 曾对该裁判具有决定性之证据被另一确定判决视为虚假；

b) 由法官实施且与其在作出该判决之诉讼程序中所担任之职务有关之犯罪，已被另一确定判决视为获证明；

c) 曾用作判罪依据之事实与已在另一判决视为获证明之事实不相协调，且两者对比后得出之结论，使人非常怀疑该判罪是否公正；

d) 发现新事实或证据，而单凭该等事实或证据本身，或与有关诉讼程序中曾被审查之其他事实或证据相结合后，使人非常怀疑判罪是否公正。

二、为着上款之规定之效力，终结诉讼程序之批示等同于判决。

三、以第一款 d 项为依据提出再审时，如仅为改正已科处制裁之具体分量者，则不得进行再审。

四、即使追诉权已消灭，又或刑罚已因时效而消灭或已服刑，仍可进行再审。

---

* 节选自赵秉志总编：《澳门刑事诉讼法典》，中国人民大学出版社1999年版。

第四百三十二条　（正当性）

一、下列者具有声请再审之正当性：

a）检察院；

b）辅助人，对无罪判决或不起诉批示；

c）被判罪者或其辩护人，对有罪判决。

二、如被判罪者死亡，则其配偶、直系血亲卑亲属、其所收养之人、直系血亲尊亲属、收养人、与被判罪者在类似配偶状况下共同生活之人、四亲等内之旁系血亲或姻亲，具有正当利益之继承人或曾获被判罪者明示委托之人，亦具有声请再审及使再审继续进行之正当性。

第四百三十三条　（请求之提出）

一、请求再审之声请系在曾宣示应被再审之判决之法院内提出。

二、声请必须具备理由阐述，且载明有关之证据。

三、被请求再审之裁判之证明及证实裁判已确定之证明，以及组成该请求所需之文件，须附于声请。

第四百三十四条　（程序）

再审系以宣示将行再审之裁判卷宗之附文方式处理。

第四百三十五条　（证据之调查）

一、如再审之依据为第四百三十一条第一款 d 项所规定者，法官须进行其认为对发现事实真相属必要之措施，同时命令以缮写方式或任何复制全部内容之方式记录所作之声明。

二、声请人不得指定未曾在原诉讼程序中作证言之证人，除非其以作出裁判时其不知该等证人存在为理由，或以证人先前不能作证言为理由。

第四百三十六条　（报告及卷宗之移送）

在答复期间届满后五日内，或当须采取有关措施时，在该等措施完成后五日内，法官须将卷宗连同与请求之实体问题有关之报告，一并移送高等法院。

第四百三十七条　（在高等法院内进行之程序）

一、卷宗经高等法院接收后须送交检察院，其于五日内检阅之，随后须送交裁判书制作人，以便其在十日内进行有关工作。

二、继而，卷宗须连同合议庭裁判书草案送交有管辖权分庭之各法官，其于五日内检阅之。

三、许可或否决再审之裁判系由分庭在评议会中作出。

四、如法院认为有需要采取任何措施,则命令为之,并指定应主持该措施之法官。

五、有关措施实施后,法院须进行评议,在评议前无须再经检阅。

第四百三十八条　（再审之否决）

如高等法院否决进行由辅助人、被判罪者或第四百三十二条第二款所指之任何人请求之再审,则判处声请人缴付诉讼费用及司法税,此外,如认为该请求明显无理由,则尚须判处声请人缴付澳门币二千元至一万二千元之款项。

第四百三十九条　（再审之许可）

一、如再审获许可,则高等法院将卷宗移送至曾宣示将行再审之裁判之法院重新审判,但曾参与作出该裁判之法官不得参与重新审判。

二、如被判罪者正在服徒刑或收容保安处分,则高等法院根据对判罪怀疑之严重程序,决定应否中止执行之。

三、如命令中止执行,或如被判罪者仍未开始服刑,则高等法院决定应否对被判罪者采用在有关情况下依法可采用之强制措施。

第四百四十条　（不相协调判决之撤销）

一、如因就相同事实判处不同嫌犯有罪之各刑事判决间不相协调,而以第四百三十一条第一款 c 项为依据许可再审者,高等法院须撤销该等判决,并决定对全部嫌犯进行共同审判,以及指定一依法有管辖权之法院。

二、为着上款之规定之效力,有关之卷宗须予合并,随后该诉讼按再审之程序进行。

三、判决之撤销使当中科处之制裁终止执行,但高等法院须决定应否对被判罪者采用在有关情况下依法可采用之强制措施。

第四百四十一条　（证据方法及紧急行为）

一、卷宗下送后,法官须命令将之送交检察院检阅,以便指定证据方法,并为同一目的,命令通知嫌犯及辅助人。

二、随后,法官依据第三百零一条之规定作出所需之紧急行为,并命令实施被声请采取之措施,以及其他其认为对澄清案件属必需之措施。

第四百四十二条　（重新审判）

一、上条所指行为作出后,须指定审判日期,并完全遵照有关诉讼程序之步骤为之。

二、如以第四百三十一条第一款 a 或 b 项为依据许可再审,则曾因对将行再审之裁判具有决定性之事实而被判罪或被检察院控诉之人，不得参与审判。

第四百四十三条 （再审后之无罪判决）

一、如被再审之裁判原为有罪裁判，而再审后之裁判为无罪裁判者，须撤销首个作出之裁判及删除有关纪录，并恢复嫌犯被判罪前在法律上之状况。

二、再审后判嫌犯无罪之判决之证明，须张贴于曾宣示判罪之法院入口处，并在本地报章连续刊登三次。

第四百四十四条 （损害赔偿）

一、在上条所指之情况下，有关判决须对嫌犯就其所受之损害给予赔偿，并命令向嫌犯返还其曾缴付作为司法税、诉讼费用及罚金之款项。

二、损害赔偿由本地区支付，而嫌犯对于就引致作出被再审之裁判之事实须负责任之人所拥有之权利，由本地区代位。

三、应声请人之请求，或如不具备足够资料定出损害赔偿，则法院延至判决执行时方就损害赔偿作出结算。

第四百四十五条 （再审后之有罪判决）

一、如再审后之裁判最终判嫌犯有罪，则对其科处法院认为合于该案件之制裁，并扣除已服之制裁。

二、第三百九十九条之规定，相应适用之。

三、如被再审之裁判原为无罪裁判，但再审后之裁判为有罪裁判，则：

a) 判处曾收受损害赔偿之嫌犯返还该赔偿；及

b) 向辅助人返还其曾缴付之司法税及诉讼费用。

第四百四十六条 （对批示之再审）

对一终结诉讼之批示可进行再审，如高等法院许可再审，则宣告该批示无效力，并命令诉讼程序继续进行。

第四百四十七条 （再请求再审之正当性）

如再审被否决或被再审之裁判获维持，则不得再行再审，但声请系由助理总检察长提出者除外。

第四百四十八条 （司法行为之优先）

如被判罪者正被监禁或收容，而有一对其有利之再审提出，则应作出之司法行为较其他工作优先。

澳门特别行政区行政诉讼法典（节选）

（法令第 110/99/M 号
1999 年 12 月 13 日）

第一百一十九条　（对决定之再审）

一、《刑事诉讼法典》之规定经作出必要配合后，适用于要求对在行政上之违法行为之程序中由行政机关作出之科处罚款及附加处罚之决定进行再审之请求。

二、仅得在下列情况下进行再审：

a）再审有利于违法者，且自再不可对有关决定提出申诉之日起未逾两年；

b）再审不利于违法者，而仅旨在因其实施犯罪而对其作出判罪。

三、在上款 a 项所指之情况下，如所科罚款之金额低于公共行政工作人员薪俸表三十点之相应款项，或因附加处罚而遭受之损失不超过该限额，则不得进行再审。

四、再审程序属行政法院之专属管辖范围。

五、再审之请求得由违法者、行政机关或检察院提出。

第九章　对司法裁判之上诉

第四节　再审上诉

第一百六十九条　（提起再审上诉之期间）

一、提起再审上诉之权利，视乎情况，自再审请求所依据之裁判确定时，或自取得作为再审上诉依据之文件或知悉作为再审上诉依据之事实时起，经过九十日而失效。

二、如再审之请求系由检察院提出，则上款所指之期间为一百八十日。

第一百七十条　（正当性）

就将行再审之裁判之已进行或将进行之执行所针对之人、在作出该裁判之程序中曾参与或具备正当性参与之人，以及检察院，均有正当性请求再审。

第一百七十一条　（声请书之形式及组成）

所作成之声请书须具备对行政行为提起司法上诉之起诉状所规定之要件及复本，而亦须附同将行再审之裁判之有关内容之证明，以及说明请求属合理所需之其他文件。

第一百七十二条　（步骤）

一、声请须以有关诉讼程序卷宗之附文方式作成卷宗；须将声请书送交上诉所致予之法院时，须连同有关诉讼程序之卷宗一并送交。

二、法院经听取检察院陈述，并分析上诉是否符合有关规定，尤其是否符合第一百六十九条至第一百七十一条之规定后，就上诉应否继续进行作出裁判。

三、如上诉应继续进行，则须命令传唤在作出将行再审之裁判之诉讼程序中按有关情况已被传唤或应被传唤之实体及有利害关系之私人。

四、其后，再审程序须按照就作出将行再审之裁判之诉讼程序所规定之步骤进行。

第一百七十三条　（审判）

一、就有关问题重新进行审判后，须维持或废止被争议之裁判。

二、对再审后之裁判，得提起对被争议之裁判可提起之上诉。

意大利刑事诉讼法[*]

（1988年9月22日通过）

第二部分

第九编 上诉

第四章 再审

第629条 可以再审的处罚判决

1. 在法律规定的情况下，允许对已经生效的处罚判决或刑事处罚令作出有利于被判刑人的改判，即便刑罚已经执行或者已经消灭。

第630条 再审的情况

1. 在下列情况下可以要求再审：

1）如果判决或者刑事处罚令所依据的事实不可能同由普通法官或特别法官作出的其他生效刑事判决所认定的事实相互和谐；

2）如果判决或者刑事处罚令认为被判刑人应承担责任的犯罪同民事法官或者行政法官的判决具有依从关系，这后一判决随后被撤销，并且决定的是第3条规定的某一预查问题或者是第479条规定的某一问题；

3）如果在处罚之后出现或者发现新的证据，可以单独地或同已有证据一起证明应当依照第631条的规定对被判刑人实行开释。

4）如果证明处罚是因在文书或审判中作假或者因被法律规定为犯罪的其他行为而宣告的。

---

[*] 节选自《意大利刑事诉讼法典》，黄风译，中国政法大学出版社1994年版。

第631条　再审的限度

1. 据以要求再审的材料应当足以证明应依照第529条、第530条或第531条的规定对被判刑人实行开释，否则不可接受。

第632条　有权提出再审要求的主体

1. 可以要求再审的人有：

1）被判刑人或其近亲属，对被判刑人拥有监护权的人；如果被判刑人已死亡，继承人或其近亲属有权提出要求；

2）处罚判决宣告地上诉法院的检察长。1）项列举的人员可以同该检察长一同提出要求。

第633条　要求的形式

1. 再审要求应当亲自或者通过特别代理人提出。它应当具体列举据以提出该要求的理由和证据，并且连同有关文书和文件提交给宣告一审判决或者刑事处罚令的法官所在辖区的上诉法院文书室。

2. 在第630条第1款1）和2）项规定的情况下，有关要求应当附有上述各项所提到的判决书或刑事处罚令的真实副本。

3. 在第630条第1款4）项规定的情况下，有关要求应当附有该项所提到的、已生效的处罚判决书。

第634条　宣布不可接受

1. 当再审要求是在第629条和第630条规定的情况之外提出的或者未遵守第631条、632条、633条和第641条的规定时，或者当再审要求明显缺乏根据时，上诉法院可以主动裁定该要求不可接受，并且可以判决提出该要求的个人向罚款基金会交纳一笔50万至400万里拉的款额。

2. 该裁定应向被判刑人和提出改判要求的人送达，上述人员可以向最高法院上诉。在接受上诉的情况下，最高法院将再审工作移交给宣告第1款规定的裁定的上诉法院的其他厅或者最邻近的上诉法院进行。

第635条　暂缓执行

1. 上诉法院可以随时裁定暂时中断执行刑罚或保安处分，在必要时，可以适用第281条、第282条、第283条和第284条规定的某一强制措施。如果这种措施未得到遵守，上诉法院撤销上述裁定，并决定恢复对刑罚或保安处分的执行。

2. 针对关于暂时中断执行、适用强制措施和撤销中止执行裁定等问题作出的裁决，公诉人和被告人可以向最高法院提出上诉。

第 636 条　再审

1. 上诉法院院长依照第 601 条的规定发布传唤令。

2. 在可适用范围内并且以再审要求所列举的理由为限,遵循第七编第一章和第二章的规定。

第 637 条　判决

1. 判决依照第 525 条、第 526 条、第 527 条和第 528 条的规定作出。

2. 在接受改判要求的情况下,法官撤销处罚判决或刑事处罚令,宣告开释并且在决定部分说明原因。

3. 法官不得仅仅根据对在先前审判中调取的证据的不同判断而宣告开释。

4. 在驳回改判要求的情况下,法官判决提出该要求的个人支付诉讼费用;如果已决定中断执行,则决定恢复执行刑罚或保安处分。

第 638 条　对已故被判刑人有利的改判

1. 如果被判刑人在提出再审要求后死亡,上诉法院院长任命一位保佐人,后者在再审中行使本应由该被判刑人行使的权利。

第 639 条　在接受再审要求情况下的处置

1. 当上诉法院因接受改判要求而宣告开释判决时,以及在第 638 条规定的情况下,裁定退还为执行财产刑、财产性保安处分、支付诉讼费用和监狱生活费以及为赔偿再审中民事当事人的损失而交纳的钱款。上诉法院还裁定返还已被没收的物品,但《刑法典》第 240 条第 2 款 2)项规定的物品除外。

第 640 条　可对判决提出上诉

1. 针对在再审中宣告的判决,可以向最高法院提出上诉。

第 641 条　宣告再审要求不可接受或驳回该要求

1. 宣告再审要求不可接受或者判决驳回该要求,不妨碍根据其他材料重新要求再审的权利。

第 642 条　公布接受改判要求的判决

1. 根据关系人的要求,文书室在原处罚判决宣告地的市镇和被判刑人最后居住地的市镇摘要地张贴接受改判要求的判决。司法执达吏将执行上述张贴活动的证明书储存在文书室。

2. 根据关系人的要求,上诉法院院长裁定由文书室负责在一份报纸上公布判决书的摘要,公布的费用由罚款基金会承担。

第 643 条 对司法错误的赔偿

1. 在再审中被开释的人，如果未因故意或严重过失而造成司法错误，有权要求根据服刑或收容的时间以及处罚对其个人和家庭所造成的后果获得赔偿。

2. 上述赔偿通过支付一笔钱款的方式实现，或者考虑到权利人的状况和损害的性质，通过设立终身年金的方式实现。根据其要求，可以由国家付费将权利人安置在某一处所。

3. 在确定应执行的刑罚时依照第 657 条第 2 款的规定计算的针对其他犯罪的监禁刑，被排除在要求赔偿的范围以外。

第 644 条 在死亡情况下的赔偿

1. 如果被判刑人死亡，包括在进行再审之前死亡，要求赔偿的权利由其配偶、直系亲属和尊亲属、兄弟姐妹、一亲等以内姻亲以及同死者有收养关系的人行使。

2. 但是，对于上述人员，不得以赔偿的名义发给超过本应向被开释者支付的款额的钱款。赔偿额应当公平地依据司法错误对每个人所造成的后果加以确定。

3. 依照《民法典》第 463 条的规定处于不配地位的人，不享有上述要求赔偿的权利。

第 645 条 赔偿的要求

1. 赔偿的要求应当在再审判决生效后的两年内提出，否则不可接受，该要求应当以书面形式由本人亲自或者通过特别代理人提交给作出上述判决的上诉法院的文书室，一并提交的还有被认为有用的文件。

2. 第 644 条列举的人员可以在同一期限内提出赔偿的要求，他们可以通过第 638 条指出的保佐人提出要求，或者因他人已提出的要求而受益。如果赔偿的要求由上述人员中的某人提出，该要求应当列举其他权利享有者。

第 646 条 程序的裁决

1. 上诉法院在合议室就赔偿的要求作出裁决，遵循第 127 条规定的程序。

2. 文书室负责将赔偿的要求连同庭审的决定通知公诉人、上诉法院辖区内的国家律师处财务主管以及所有的关系人，包括未提出该要求的权利人。

3. 就赔偿的要求作出的裁定在通知公诉人和所有的关系人，他们可以向最高法院提出上诉。

4. 如果关系人在接到第 2 款规定的通知后没有按照第 127 条第 2 款规定的期限和程序提出自己的要求，则丧失在有关程序终结后提出赔偿要求的权利。

5. 当条件具备时，法官以扶养费的名义发给关系人临时补偿。

第 647 条　赔偿损失和赔偿

1. 在第 630 条第 1 款 4）项规定的情况下，如果国家已经支付了赔偿，有权要求有关负责人在已付款覆盖的范围之内赔偿自己的损失。

1980年英国治安法院法*

纠正错误的权力
治安法院重新审理案件以修正错误的权力

142.——(1) 除下述第(4) 款另有规定外,治安法院可以改变或撤销在对罪犯进行处理时作出的命令和判决,据称该权力可以扩展到法院以另外作出的命令或判刑来替代已作出的命令和判刑,使之失效。

(2) 在治安法院发现答辩无罪的某人有罪,或法院根据上述第11条第(1) 款在其缺席的情况下进行了诉讼而随后法院认为司法利益需要该案由另外的法官审理的情况下,法院可以根据下述第(4) 款而进行指示。

(3) 在法院根据上述第(2) 款作出指示的情况下:

(a) 有罪的发现及由此作出或适用的判刑或命令应无效;而且

(b) 第10条第(4) 款的适用如同对该人的审判被延期的情况。

(4) 根据上述第(1) 款和第(2) 款而授予的权力应自适用、作出判刑和命令或发现该人有罪之日起28日内的时间中行使。根据案件的实际情况只能由以下法院实施:

(a) 由一个与适用或作出判刑或命令的法院或者根据案件实际情况与该人被发现有罪的法院相同方式组成的法院;

(b) 在法院由3个或3个以上的治安法官组成的情况下,由这些法官中的大多数组成的一个法院。

(5) 在一项判决或命令根据(a) 项被改变时,被改变的判刑或命令应自原始判决或命令作出之日起生效,除非法院有其他指示。

---

* 节选自中国政法大学刑事法院研究中心组织编译:《英国刑事诉讼法(选编)》,中国政法大学出版社2001年版。

附：

第 10 条第 4 款

对起诉决定延期审判的过程中，治安法院可以将被告人还押，而且当被告人已年满 17 岁时，如果其被指控犯罪是可选择审判方式的犯罪并有下列情况，治安法院应当将被告还押：

（a）当被告人首次出庭或被押至治安法院当庭对告发书作出答辩时，他正被羁押或者事先已因保释获释而又被交付法院羁押，或

（b）被告人在起诉过程的任何时候已被还押；

并且，当治安法院将被告人还押时，所确定的重新恢复审判的时间是该被告人依据还押规定被要求出庭或被押至法院的时间。

第 11 条第 1 款

根据本法的规定，当在所确定的依告发书进行审判或延期审判的时间、地点公诉人出庭而被告人没有出庭时，治安法院可以在被告人缺席的情况下进行审判。

1995 年英国刑事上诉法*

　　这部法律对刑事案件中有关上诉及向上诉法院提交案件的条款作了修正；设立了一个刑事案件审查委员会，授予该委员会以相应的职责，并对与委员会相关的事项作了其他规定；对《1980 年治安法院法》第 142 条作了修正，并介绍了北爱尔兰类似该条规定的条款；对《1988 年刑事审判法》第 133 条作了修正；规定了相关的宗旨。

[1995 年 6 月 19 日]

第二部分　刑事案件审查委员会

8. 委员会

（1）应成立一个法人团体，定名为刑事案件审查委员会。

（2）委员会不应被认为是皇室的附属机构或代理机构，或被认为享有皇室才享有的法律地位，豁免权或特权；委员会的财产也不应被认为是皇室的财产，或被认为代表的是皇室的利益。

（3）委员会必须由不少于 11 人的成员组成。

（4）委员会的成员必须由尊敬的女皇陛下根据首相的推荐任命。

（5）至少 1/3 的委员会成员应具有合法的资格，为满足本款规定的条件，一个人在下列情况下即被认为具有合法资格，如果——

（a）他符合《1990 年法官和法律工作者法》第 71 条的规定具有 10 年工作资历，或

---

　　* 节选自中国政法大学刑事法学院研究中心组织编译：《英国刑事诉讼法（选编）》，中国政法大学出版社 2001 年版。

(b) 他连续 10 年以上担任北爱尔兰律师公会的成员，或是北爱尔兰最高法院的事务律师，并具有至少 10 年的执业经验。

（6）至少应有 2/3 以上的委员会成员在首相看来具有在刑事司法系统任何一方面工作的经验或知识，其中至少应有一人在首相看来具有在北爱尔兰的刑事司法系统任何一方面工作的经验或知识；为满足本款规定的条件，刑事司法系统特别包括：罪行的调查和罪犯的待遇。

（7）附录（1）（关于委员会的进一步规定）应予生效。

把案件提交给法院

9. 英格兰和威尔士根据公诉书处理的案件

（1）在英格兰和威尔士，被告人已被定犯了某种起诉书指控的罪行的，委员会

（a）可以在任何时候将该定罪提交给上诉法院；以及

（b）（无论他们是否提交该定罪）可以在任何时候向上诉法院提交与该定罪相关的任何判刑，或与该定罪相关的后继性程序中作出的任何判刑（不是法律规定了确切刑罚的某个判刑）。

（2）委员会根据第（1）款规定作出的关于某个被告人的定罪的提交，应被视为是由符合《1968 年法》第 1 条规定的人提出的不服该定罪的上诉。

（3）委员会根据第（1）款规定作出的，对与某个被告人根据公诉书的定罪相关的判刑的提交，或对与该被告人根据公诉书的定罪查关的后继性程序中所作的判刑的提交，应被视为是由符合《1968 年法》第 9 条规定的人提出的上诉，因不服——

（a）该判刑；和

（b）对该定罪所作的任何其他判刑，或对根据公诉书所定任何其他罪相关的任何其他判刑，或与该定罪相关的后继性程序中所作的任何其他判刑，或与根据公诉书所定任何其他罪相关的后继性程序中所作的任何其他判刑（这些判刑均不是法律规定了确切刑罚的某个判刑）。

（4）在根据第（1）款规定提交某个被告人的根据公诉书的定罪时，委员会可以通知上诉法院，在通知中指明的任何其他根据公诉书的定罪，应被视为是委员会向上诉法院提交的符合第（1）款规定的定罪。

（5）在英格兰和威尔士，对某被告人以精神失常为依据已正式被宣告无罪裁断的案件，委员会可以在任何时候向上诉法院提交该裁断；符合本

款规定的委员会的提交,应被视为是由符合《1968年法》第12条规定的人提起的对该裁断不服的上诉。

(6) 在英格兰和威尔士,陪审团已宣判被告人是无行为能力人和被告人实施了被指控的作为或不作为,委员会可以在任何时候将这两个判决中的一个或两个同时提交给上诉法院;符合本款规定的提交应被视为是由符合《1968年法》第15条规定的人提起的不服上述判决的上诉。

10. 北爱尔兰根据公诉书处理的案件

——(1) 在北爱尔兰,某个被告人已经被定犯有起诉书指控的罪行的,委员会——

(a) 可以在任何时候将该定罪提交给上诉法院;以及

(b) (无论他们是否提交该定罪),可以在任何时候提交与该定罪相关的任何判刑或与该定罪相关的后继性程序中所作任何判刑(这些判刑均不是法律规定了确切刑罚的某个判刑)。

(2) 委员会根据第(1)款规定所作的对某个被告人的定罪的提交,应被视为是由符合《1980年法》第1条规定的人提起的不服定罪的上诉。

(3) 委员会根据第(1)款规定所作的对与某个被告人根据公诉书的定罪相关的判刑的提交,或对与该被告人根据公诉书的定罪相关的后继性程序中所作的判刑的提交,应被视为是由符合《1980年法》第8条或第9条规定的人提起的上诉,因不服——

(a) 该判刑;和

(b) 对该定罪所作的任何其他判刑,或对根据公诉书所定任何其他罪相关的任何其他判刑,或与该定罪相关的后继性程序中所作的任何其他判刑,或与根据公诉书所定任何其他罪相关的后继性程序中所作的任何其他判刑(这些判刑均不是法律规定了确切刑罚的某个判刑)。

(4) 委员会在根据第(1)款规定提交某个被告人的根据公诉书的定罪时,可以通知上诉法院,在通知中指明的根据公诉书的任何其他定罪,应被视为是委员会向上诉法院提交的符合第(1)款规定的定罪。

(5) 上诉法院在处理委员会根据第(1)款规定提交的案件时,不能科以比刑事法院的判刑更重的刑罚。

(6) 在北爱尔兰,对某个被告人以精神失常为依据而被宣判无罪的案件,委员会可以在任何时候向上诉法院提交该判决,符合该款规定的提交,应被视为是由符合《1980年法》第12条规定的人提起的不服该判决的上诉。

（7）在北爱尔兰，当陪审团已正式宣布某个被告人不适宜受审的判决的，委员会可以在任何时候向上诉法院提交该判决；符合该款规定的提交应被视为是由符合《1980年法》第13A条规定的人提起的不服该判决的上诉。

11. 在英格兰和和威尔士适用简易程序的案件

——（1）在英格兰和威尔士，对某个被告人已经由治安法院定罪的，委员会——

（a）可以在任何时候将该定罪提交刑事法院；和

（b）（无论他们是否提交该定罪）可以在任何时候向刑事法院提交对该定罪所作的任何判刑，或与该定罪相关的后继性程序中所作的任何判刑。

（2）委员会根据第（1）款规定所作的对某个被告人的定罪的提交，应视为是该被告人根据《1980年治安法院法》第108条第（1）款的规定提起的不服该定罪的上诉（无论他是否作有罪答辩）。

（3）委员会根据第（1）款所作的对与某个被告人的定罪相关的某个判刑的提交，或对与该被告人的定罪相关的后继性程序中所作的某个判刑的提交，应视为是该被告人根据《1980年治安法院法》第108条第（1）款的规定提起的上诉，因不服——

（a）该判刑；和

（b）对该定罪所作的任何其他判刑，或对任何相关定罪所作的任何其他判刑，或与该定罪相关的后继性程序中所作的任何其他判刑，或与任何相关定罪有关的后继性程序中所作的任何其他判刑。

（4）委员会在根据第（1）款规定提交某个被告人的定罪时，可以通知刑事法院，在通知中指明的任何相关定罪，应被视为是委员会向刑事法院提交符合第（1）款规定的定罪。

（5）本条规定所指的"相关定罪"，是指由同一个法庭在同一天对同一个人所作的那些定罪。

（6）刑事法院在处理委员会根据本条规定提交的案件时，不得科以比原审程序法院更重的刑罚。

（7）刑事法院可以在某个被告人的定罪或判刑已由委员会根据本条规定进行提交的情况下，允许保释该被告人；在他因保释而被释放期间中的任何时间,都不应计入他的判决中所规定的监禁或羁押的任何一部分期限之中。

12. 北爱尔兰适用简易程序的案件

——(1) 在北爱尔兰,对某个被告人已由治安法院定罪的,委员会——

(a) 可以在任何时候向上诉法院提交该定罪;和

(b)(无论他们是否提交该定罪),可以在任何时候向郡法院提交对该定罪所作的任何判刑,或与该定罪相关的后继性程序中所作的任何判刑。

(2) 委员会根据第(1)款规定所作的对某个被告人的定罪的提交,应视为是该被告人根据《1981年治安法院规则(北爱尔兰)》第140条第(1)款的规定提起的不服该定罪的上诉(无论他是否作有罪答辩)。

(3) 委员会根据第(1)款规定所作的对与某个被告人的定罪相关的某个判刑的提交,或对与该被告人的定罪相关的后继性程序中所作某个判刑的提交,应视为是由该被告人根据《1981年治安法院规则(北爱尔兰)》第140条第(1)款的规定提起的上诉,因不服——

(a) 该判刑;和

(b) 对该定罪所作的任何其他判刑,或对任何相关定罪所作的任何其他判刑,或与该定罪相关的后继性程序中所作的任何其他判刑,或与任何相关定罪有关的后继性程序中所作的任何其他判刑。

(4) 委员会在根据第(1)款规定提交某个被告人的定罪时,委员会可以通知郡法院,在通知中予以指明的任何定罪都应被视为是委员会根据第(1)款规定向郡法院提交的定罪。

(5) 本条规定所指的"相关定罪",是指由同一个法院在同一天对同一个人所作的那些定罪。

(6) 郡法院在处理委员会根据本条规定提交的案件时,不得科以比原审程序法院更重的刑罚。

(7) 高等法院可以在某个被告人的定罪或判刑已由委员会根据本条规定向郡法院提交的情况下,允许保释该被告人;在他因保释而被释放的期间,不应计入他的判决中所规定的监禁或羁押的任何一部分期限之中。

13. 提起上诉审的条件

——(1) 委员会不得根据第9条至第12条的规定对某个定罪、裁断、判决、判刑提起上诉,除非——

（a）委员会认为对该定罪、裁断、判决或判刑提起上诉，有原判不能维持的切实可能性；

（b）委员会认为——

（i）在作出某个定罪、裁断或判决的情况下，某辩论意见，或证据未能在作出以上裁判的程序中提出的，或未能在任何上诉或不服以上裁判的准许上述申请中提出的；或

（ii）在作出某个判刑的情况下，一个关于法律的辩论意见或信息未能在作出该判刑的程序中提出的，或未能在任何上诉或不服该判刑的准许上述申请中提出；以及

（c）某个不服该定罪、裁断、判决或判刑的上诉已被终止或不服该定罪、裁断、判决或判刑的上诉申请已被拒绝。

（2）如果委员会认为有例外情况存在，使得提起上诉审是正当的，那么，提起上诉审不受上述第（1）款（b）项（i）或（c）项规定的限制。

14. 提起上诉审的进一步规定

——（1）在与某个定罪、裁断、判决或判刑相关的被告人提出上诉申请的情况下，或在代表该被告人利益的人提出申请的情况下，或没有这样的申请提出的情况下，委员会可以根据第 2 条至第 12 条的规定提交该定罪、裁断、判决或判刑。

（2）委员会在考虑是否根据第 9 条至第 12 条的规定，对某个定罪、裁断、判决或判刑提起上诉审时，应考虑到——

（a）由该当事人或代表该当事人利益的人向委员会提出的与案件有关的申请或申诉；

（b）向委员会提出的与案件相关的任何其他申诉；

（c）委员会认为与案件相关的任何其他事实。

（3）委员会在考虑是否根据第 9 条至第 10 条的规定进行提交时，可以任何时候向上诉法院提出期望得到该法院帮助的任何问题，以期得到上诉法院对该问题的意见；上诉法院应考虑委员会根据本款规定提出的要求，并向委员会提供有关该问题的法院意见。

（4）委员会在根据第 9 条至 12 条中任一条的规定提起上诉审时，应该——

（a）给法院一份委员会进行提交的理由陈述书；和

（b）将陈述书的副本送给每一个在委员会看来可能在上诉的任何程序

中成为一方当事人的人。

（5）委员会根据第 9 条至第 12 条任一条的规定进行的提交，视为不服该定罪、裁断、判决或判刑的当事人提起的上诉，该上诉可以建立在与该定罪、裁断、判决或判刑相关的任何依据上（无论该依据是否与委员会作出提交的理由相关）。

（6）在每个个案中——

（a）当事人或其代表人已向委员会提出对第 9 条至第 12 条规定的任一定罪、裁断、判决或判刑提起上诉的请求；但是，

（b）委员会决定不对该定罪、裁断、判决或判刑提起上诉的，委员会应将他们该决定的理由陈述书送给提出申请的人。

调查和协助

15. 为上诉法院进行的调查

——（1）上诉法院根据《1968 年法》第 23A 条第（1）款或《1980 年法》第 25A 条第（1）款的规定向委员会发出指令的，委员会应以自己认为合适的方式，对指令中指明的事实进行调查。

（2）委员会在调查这样一个指令中指明的事实时，认为——

（a）另一个事实（一个"相关事实"）是与上诉法院决定的案件相关的，如果可能的话，应在案件被上诉法院决定之前先行对它作出决议；和

（b）对该相关事实的调查可能使得法院能对它作出决议，委员会也可以调查该相关事实。

（3）委员会应该——

（a）让上诉法院时刻了解他们对上诉法院根据《1968 年法》第 23A 条第（1）款或《1980 年法》第 25A 条第（1）款的规定发出的指令中指明的事实的调查进展；

（b）如果他们决定调查任何相关事实，应将该决定通知上诉法院，并让上诉法院时刻了解对该事实的调查进展。

（4）委员会应向上诉法院汇报他们对上诉法院根据《1968 年法》第 23A 条第（1）款或《1980 年法》第 25A 条第（1）款的规定发出的指令中指明的事实的调查情况，当——

（a）他们完成了对该事实调查时，或完成了任何相关事实的调查时；或

（b）上诉法院指令他们汇报时，无论（a）、（b）中哪一种情况发生

在先，委员会都应向上诉法院进行汇报。

（5）根据第（4）款规定作出的报告书，应包括由委员会或为委员会对指令中指明事实进行调查的任何调查活动的细节，或对相关事实进行调查的调查活动的细节。

（6）该份报告书应附具——

（a）委员会在调查指令中指明的事实或任何相关事实时，收到的任何陈述书或意见书；以及

（b）委员会在调查指令中指明的事实或任何相关事实时收到的、除了第（7）款中规定的任何报告书以外的任何报告书。

（7）该份报告书，无需同时附上由调查官根据第20条第（6）款的规定向委员会提交的任何报告书。

16. 有关特赦权的协助

——（1）在国务大臣向委员会提交他在考虑是否建议对某一定罪行使女皇陛下的特赦权时遇到的、期望得到委员会帮助的任何事实的情况下，委员会应——

（a）考虑该提交的事实；以及

（b）给国务大臣一份他们对该事实的结论性说明书；

并且，国务大臣在考虑是否建议行使女皇陛下的特赦权时，应将该说明书视为是对该提交事实的结论性说明。

（2）在委员会认为国务大臣应考虑是否建议对案件行使女皇陛下的特赦权时，委员会应将他们所持该观点的理由告知国务大臣。

补充权力

17. 获得文件等的权力

——（1）本条规定适用于委员会相信，在某个公职机构中任职的人拥有或掌握的某个文件或其他资料，有助于委员会履行他们的任何职责。

（2）在委员会提出下列要求是合理的情况下，委员会可以要求该有关公职机构中的负责人——

（a）向委员会提供该文件或其他资料，或使委员会能接触该文件或其他资料；和

（b）允许委员会取走该文件或其他资料，或允许委员会以他们认为合适的方式复印该文件或其他资料并取走该复印件；

以及可以命令该负责人在委员会撤销该命令之前不得损坏、毁坏或改

变该文件或其他资料，而应保持文件或其他资料的原貌。

（3）本条规定所涵盖的文件和其他资料，特别包括在对以下相关案件进行的任何调查或诉讼过程期间获得或产生的任何文件或其他资料——

（a）与委员会正在执行的职能有关的案件，或与可能需要由委员会执行的职能有关的案件；或

（b）与该案件也许有某种联系的任何其他案件（无论该其他案件是否与委员会可能执行的职能有关）

（4）在根据本条规定的要求履行义务时，不受任何保密义务或其他信息披露限制的影响（包括由某个法律规定的义务或限制或由于某个法律的规定而产生的义务或限制），否则这些义务或限制会妨碍向委员会呈交该文件或其他资料，或妨碍委员会接触该文件或其他资料。

18. 与当前的案件或旧案相关的政府文件等

——（1）第17条的规定不适用于政府工作人员所拥有或掌握的任何文件或其他资料，如果该文件或其他资料——

（a）与本款适用的案件相关；和

（b）该人所拥有或掌握的文件或其他资料是国务大臣对案件的考虑结果。

（2）第（1）款规定适用于一种案件，如果国务大臣——

（a）在根据本法废除《1968年法》第17条或《1980年法》第14条之前，正在考虑决定是否根据上述条款对该案件提起上诉审，或正在考虑是否建议对地方法院的一项定罪行使女皇陛下的特赦权；或

（b）在早些时候已经考虑决定是否对该案件提起这样的上诉审，或是否提这样的建议。

（3）国务大臣应向委员会提供下列任何文件或其他资料——

（a）含有向国务大臣提出的与本款适用的案件有关的申诉文件或其他资料；或

（b）国务大臣收到的任何与该案件有关的文件或其他资料，但该文件或其资料不是来自于政府工作人员；

并且可以给委员会任何与该案件有关，但又不包括在（a）项或（b）项规定中的文件或其他资料。

（4）第（3）款的规定适用于一种案件，如果国务大臣——

（a）在根据本法废除《1968年法》第17条或《1980年法》第14条

之前，正在考虑决定是否根据上述条款的规定对该案件提起上诉审，或对治安法院作出的某个定罪行使女皇陛下的特赦权；或

（b）在早些时候已经考虑决定是否对该案件提起这样的上诉审，或决定是否提这样的建议，并且是在委员会在任何时候通知他，他们希望该案件能适用第（3）款规定的情况下。

19. 要求任命调查官的权力

——（1）在委员会认为应该进行某项调查以协助他们对任一案件履行任一职责的情况下，可以要求任命一位调查官去执行该项调查。

（2）在已由某个公职机构工作人员对与案件相关的任一罪行进行调查的情况下，委员会可以对下列人员提出符合本条规定的要求——

（a）该公职机构的负责人；或

（b）在该公职机构已经停止存在的情况下，可以要求任一警察局长或任一公职机构的负责人，只要该公职机构的职责范围在委员会看来与停止存在的公职机构相似或包括了已停止存在的公职机构履行的职责。

（3）在没有与案件相关的罪行可供某一公职机构工作人员进行调查的情况下，可以对任一警察局长提出符合本条规定的要求。

（4）委员会可以对警察局长提出符合本条规定的下列要求——

（a）要求任命一位由他担任警察局长的警察部门中的警察为调查官；或

（b）要求任命一位由警察局长挑选的，在另一个警察部门中任职的警察为调查官。

（5）委员会可以对某个公职机构的负责人但不是警察提出符合本条规定的下列要求——

（a）要求任命一位在该公职机构中任职的人为调查官；或

（b）要求任命一位警察，或在某个职责符合或包括犯罪调查的公职机构中任职（不是某个警察部门）、由该负责人挑选的人为调查官。

（6）委员会可以命令——

在虽然符合第（4）款或第（5）款的规定，但未经委员会同意时

（a）不应任命某人；或者

（b）不应挑选某一警察部门或某一公职机构。

（7）有关公职机构的负责人根据本条规定进行了任命的，应将该任命通知委员会，如果委员会不满意于被任命的人，可以指令——

（a）该负责人应在一旦具备合理可行的条件时就挑选另一人取代第一次被任命的人，并将他任命别人的提议通知委员会；和

（b）在未经委员会同意时，不应任命其他人。

20. 调查官进行的调查

——（1）被任命为有关案件调查官的人，应在委员会不时发出地合理的指令下，进行与案件有关的调查；

（2）被任命为调查官的人，应被允许执行与他所任职的有关公职机构的负责人应执行的类似职务。

（3）英格兰和威尔士的警察首脑任命一位皇家北爱尔兰警官作调查官的，被任命的警官在英格兰和威尔士应拥有与本地警官一样的权力和特权；皇家北爱尔兰警察局长任命一位英格兰和威尔士的警官作调查官的，被任命的警官在北爱尔兰拥有与皇家北爱尔兰警官同样的权力和特权。

（4）委员会可以采取他们认为是适合于监督调查官调查活动的任何步骤；

（5）委员会可以在任何时候命令被任命的有关案件的调查官停止调查活动；但作出这样的命令不妨碍委员会根据第19条的规定，要求对有关案件任命另一位调查官。

（6）当被任命为有关案件的调查官的人完成了委员会命令进行的与案件有关的调查时，他应该——

（a）准备一份调查结果报告；

（b）把它呈交给委员会；以及

（c）把副本送给任命他的人。

（7）当被任命为有关案件调查官的人向委员会呈交他的调查结果报告时，他也应向委员会呈交在他被命令从事与案件有关的调查活动中收到的任何说明书、意见书和报告书。

21. 其他权力

——第17条至第20条规定的内容并不妨碍委员会采取适当措施以便他们履行任一职责，特别是——

（a）从事调查，或安排别人从事调查；以及

（b）获得或安排别人去获得说明书、意见书和报告书。

22. 公职机构的含义

——（1）第17条、第19条、第20条和本条规定的"公职机构"的

含义是指——

(a) 任一警察机构;

(b) 任何政府部门、地方当局或其他为公益而组成的机构、地方政府或司法行政机构;或

(c) 其他机构,其成员由女皇陛下,部长或任一政府部门任命,或其预算主要或全部由议会提供或由北爱尔兰议会拨给。

(2) 在第 19 条、第 20 条和本条规定中——

(a) "警察机构"包括皇家北爱尔兰警察机构和皇家北爱尔兰警察后备队,以及由警察当局维持的任何治安机构;

(b) 向警察局长的提交,是指向皇家北爱尔兰警察机构和皇家北爱尔兰警察后备队的警察总长以及向由警察当局维持的治安机构的负责人的提交;和

(c) 向英格兰和威尔士警察机构的提交,是指向根据《1964 年警察法》第 2 条规定,由都市警察部门或伦敦城市警察部门维持的任一警察机构的提交。

(3) 在第 18 条和本条规定中——

(a) 向政府部门的提交包括向北爱尔兰政府以及北爱尔兰检察长办公室的提交;和

(b) "大臣"不仅指由《1975 年皇家大臣法》中定义的皇家大臣,也包括北爱尔兰政府首脑。

(4) 在第 17 条、第 19 条和第 20 条规定中的"负责人"是指——

(a) 在与警察有关时,指某个警察部门的警察总长;

(b) 在与皇家检控署有关时,指皇家检察部门的总检察长;

(c) 在与北爱尔兰检察部门有时,指其检察长;

(d) 在与严重欺诈局有关时,指局长;

(e) 在与国内税务局有关时,指税务局长;

(f) 在与关税及国产税局有关时,指关税及国产税局的税务局长;

(g) 在与上述条款中未提及的政府部门有关时,指负责该部门的大臣;以及

(h) 在与上述条款中未包括的公职机构有关时,指其自身(如果它是一个法人团体),或公职机构的负责人(如果它不是一个法人团体)。

(5) 为了符合第 17 条、第 19 条和第 20 条的规定——

（a）由治安法院委员会任命的司法行政长官或书记官，或委员会成员，应被视为在为治安法院委员会服务；和

（b）根据《1991年北爱尔兰（紧急规定）法》第57条规定的授权行使该法附录5中规定的权力的人，应被视为他是在某一公职机构中任职并视为是该公职机构的负责人。

信息披露

23. 披露罪

——（1）是或曾经是委员会的成员或雇员的人，不得泄露委员会通过履行它的任一职责而获得的任何信息，但根据第24条规定允许对该信息进行披露的除外。

（2）是或曾经是调查官的人，不得披露他在调查中获得的任何信息，但根据第24条规定允许对该信息进行披露的除外。

（3）委员会成员不应授权——

（a）委员会的雇员披露委员会通过履行它的任一职责而获得的任何信息；或

（b）调查官披露他在调查中获得的任何信息，但根据第24条规定允许对该信息进行披露的除外。

（4）违反本条规定的行为是违法犯罪行为，行为人应承担法律责任，适用简易程序定罪，处5级以下的罚金。

24. 不得披露义务的例外

——（1）本条规定是对第23条规定的信息披露或授权披露信息的例外规定，如果披露信息或授权披露信息——

（a）是为了任何刑事诉讼、惩戒诉讼、民事诉讼之目的；

（b）是为了协助处理向国务大臣提出的、要求对审判不当进行赔偿的申请；

（c）是由一位委员会成员或雇员向另一位委员会成员或雇员或向一位调查官披露信息；

（d）是由一位调查官向一位委员会成员或雇员披露信息；

（e）是用于本法要求的任何说明书、报告书之中；

（f）是用于履行符合本法规定的任何职责或与此职责相关的行为；

（g）是在国务大臣颁发命令，允许披露信息的任何情况下。

（2）如果是由委员会的某位雇员，或某位调查官在某位委员会成员的

授权下披露信息的,也属于本条规定的对第 23 条规定的一种例外。

(3) 如果披露信息或授权披露信息是为了下列目的,也属于本规定的对第 23 条规定的一种例外——

(a) 是为了调查一项罪行;或

(b) 是为了决定是否起诉某个被告人犯有某项罪行,除非某项保密义务或其他披露限制(包括由某法律规定的类似义务或限制,或由于某法律的规定而产生的类似义务或限制)规定不允许或不应该披露,否则,应适用本条规定。

(4) 本条第(1)款或第(2)款规定的对第 23 条信息披露的例外规定,如无保密义务或其他披露限制的法律规定(包括由某法律规定的类似义务或限制,或由于某法律的规定而产生的类似义务或限制)应适用本条规定。

(5) 以法律正式文件的形式颁布一项第(1)款(g)项之规定的命令的权力时,该法律正式文件的废除须以执行议会任一院的一项决议为条件。

25. 同意披露

——(1) 根据第 17 条的规定被委员会提出要求的人,在通知委员会未经他的首肯,不得披露包括在要求提供的任何文件或其他资料中的有关信息,委员会在未获得同意时,不得披露;

(2) 被委员会提出要求的人不得拒绝同意,除非——

(a)(除第 17 条规定外)该人会由于保密义务或其他披露限制的禁止,而免予将该信息向委员会披露;和

(b) 该人不同意委员会披露信息是合理的。

(3) 如果该人保密的义务和披露的限制仅是因为未得到另一个人的授权,则该人不得援引第(2)款(a)项之规定不向委员会披露该信息,除非——

(a) 已采取了合理的步骤去获得另一人的授权;或

(b) 这种授权不可能合理地期望获得。

第三部分 其他规定

治安法院的纠错权

26. 英格兰和威尔士法院权力的扩大

——(1)《1980年治安法院法》第142条（治安法院重新审理案件以纠正错误的权力等）修正如下。

(2) 第(1)款［权力，除了第(4)款的规定外，修改或撤销判决或裁断等其他法院命令的权力］，从开始到"罪犯"改为"治安法院可以改变或撤销由其作出的或强制执行的判决或其他裁断，如法院认为符合司法公正之利益"；

(3) 在该款后插入——

"(1A) 当治安法院在处理一名罪犯时，上述第(1)款授予的治安法院的权力不适用于由其作出的或强制执行的判刑或裁断，如果——

(a) 刑事法院已经对上诉作出决定，该上诉因不服—

(i) 该判刑或命令；

(ii) 与治安法院作出或强制执行的该判刑或命令有关的定罪；或

(iii) 当治安法院在处理该罪犯时作出的或强制执行的与该定罪相关的任何其他判刑或命令（包括被判决或命令取代的某个判刑或命令）；或

(b) 高等法院对导致或产生该判刑或命令的程序中产生的事实，已决定在判案要点陈述中阐述该院意见。"

(4) 在第(2)款中［除了第(4)款的规定外，在被告人作无罪答辩或缺席审理的情况下，命令不同的法官对同一人的案件进行重审的权力］——

(a) 从"发现有罪的"到"上述第11条第(1)款"改为"由治安法院定罪"，并

(b) 删去"除了第(4)款的规定外"。

(5) 在该款后插入——

"(2A) 治安法院不得对某一定罪行使上述第(2)款中授予的治安法院的权力，如果——

(a) 刑事法院已经对某个上诉作出决定，该上诉因不服——

(i) 该定罪；或

(ii) 治安法院处理该罪犯时作出的或强制执行的任何判刑或命令；或

(b) 高等法院对导致或产生该定罪的程序中产生的事实，已决定在判案要点陈述中阐述该院意见。"

(6) 在第（3）款规定中［符合第（2）款规定的命令的效力］，将"有罪判决"改为"定罪"。

(7) 删去第（4）款（第（1）款和第（2）款中规定的作出判刑或命令或定罪的权力，仅限在28天内行使，并仅由某个相同编制的法院行使）。

27. 北爱尔兰权利介绍

——在《1981年治安法院（北爱尔兰）规则》．第158条后插入——

纠错权等

158A. 治安法院重新审理案件以纠正错误的权力等

——（1）治安法院在处理某名罪犯时，可以修改或撤销由其作出的某个判刑或其他命令，如果法院认为符合司法公正利益；这种权力扩大至治安法院有权作出或强制执行另一判刑或命令，以代替某个因为任何理由而明显无效的判刑或命令。

（2）当治安法院在处理一名罪犯时，上述第（1）款授予的治安法院的权力不适用于由其作出或强制执行的任何判刑或命令，如果——

(a) 郡法院已经对某个上诉作出决定，该上诉因不服——

(i) 该判刑或命令；

(ii) 与该判刑或命令有关的定罪；或者

(iii) 治安法院在处理该罪犯时作出的或强制执行的与该定罪有关的任何其他判刑或命令（包括由该判刑或命令取代的某个判刑或命令）；或

(b) 高等法院对导致或产生该判刑或命令的程序中产生的事实，已决定在判案要点陈述中阐述该院意见。

(3) 某个被告人已由某治安法院定罪，但法院随后认为由另一位当地治安法官或另一位治安法官对该案再次审理是符合司法公正的利益时，法院可以命令再审理该案。

(4) 治安法院不得对某一定罪行使上述第（3）款授予的治安法院的权力，如果——

(a) 郡法院已经对某个上诉作出决定，该上诉因不服——

(i) 该定罪；或者

(ii) 治安法院处理该罪犯时作出的或强制执行的与该定罪相关的任何

判刑或命令；或者

（b）高等法院对导致或产生该定罪的程序中产生的问题，已决定在判案要点陈述中阐述该院意见。

（5）在法院颁布上述第（3）款规定的命令的情况下——

（a）该命令的颁布应使得治安法院作出的或强制执行的定罪和任何判刑或其他命令无效；和

（b）如果已决定对某个被告人有异议的审理延期的，应适用第47条的规定。

（6）在已根据第（1）款的规定修改了某个判刑或命令的情况下，该判决或命令应以被修改后的内容在原判刑或命令作出之日起生效，除非法院作了不同的命令。

对审判不公的赔偿

28. 赔偿的估算

在《1988年刑事审判法》第133条（对审判不公的赔偿），第（4）款后插入——

"（4A）．在估算某一个人或有关个人由于受惩罚、名誉损害或类似损失而应向其支付符合本条规定的赔偿金数额时，评估员尤其应考虑到——

（a）该人所定罪行的严重性，以及由于该定罪而导致刑罚的严厉性；

（b）罪行的调查和控诉行为；

（c）该人的任何其他定罪及由这些定罪导致的任何刑罚。"

附:

英国刑事再审制度介绍*

在英国法中，向上诉法院的正式上诉程序不是问题的终结。如果一个人认为自己是司法误判的受害人，而又无权动用正规的上诉程序时，直到最近，此人才可以申请内政大臣将案件转交上诉法院并要求其重新审查案件。在这种情况下，上诉法院享有与普通刑事法院上诉案件同样的权力。虽然内政大臣每年收到700-800件宣称被错误定罪的案件，但每年只有其中的一小部分被转交上诉法院。皇家刑事司法委员会披露的数据显示，从1981年至1992年，共有涉及97个上诉人的64起案件被以这种方式转交上诉法院①。

对于这种低的提交率有许多明显的原因。一旦定罪人穷尽了正常的上诉程序，他们便不再享有获得国家财政的帮助（法律援助）的权利，因而只有自己准备申请。结果，多数申请写得十分拙劣，并未突出法律要点，往往等同于仅仅宣称自己是无辜的。而且，申请被交给内政部一小帮自身缺乏调查能力的文官：他们难以发现进一步调查的余地，只好依赖警察，而那些警察首先更倾向于支持原判而不是努力进行可能推翻原判的调查工作。皇家刑事司法委员会认为内政部文官不乐于深入调查这些案件的状态很可能会持续下去。有鉴于此，皇家刑事司法委员会建议取消内政部的转交权，换由一个新的实体行使。

结果，《1995年刑事上诉法》正式成立了刑事案件审查委员会（the Criminal Cases Review Committee）。刑事案件审查委员会最后设在伯明翰，并于1997年1月任命成员开始工作。1998年1月公布了它的第一份年度报告。刑事案件审查委员会从以前的旧体制中接受了284例案件，从1997年4月至1998年3月接受了另外的1096份申请。截至1998年4月，刑事

---

* 中国政法大学刑事法律研究中心组织编译：《英国刑事诉讼法（选编）》，中国政法大学出版社2001年版。

① 那些被转呈的案件的成功率是相当高的。例如，1990年，在涉及20个上诉人的7件被转呈的案件中，其中有19人的定罪被推翻，其余的上诉人被指令重新受审。

案件审查委员会仅仅对这些案件中的 221 件进行了深入细致的审查,而 851 件仍有待审查。新的申请正在以每个工作日 4 – 5 件的速度被接受。截至 1998 年 11 月刑事案件审查委员会已经把 30 件案件转交给上诉法院。这些案件中有 7 件已经被审理,其中 5 件被撤销定罪,1 件被减刑。

  内政部以及现在的刑事案件审查委员会转交制度的经验表明,需要对司法误判继续保持警惕。虽然在对抗制审判制度中,被告人可以因国家财政的帮助(法律援助)而有法律上的代表,但仍有错定有罪的案件未被发现和纠正。英国的经验表明了建立一个公正审查和认真调查上诉的继续审查制度的需要。

南斯拉夫行政诉讼法（节选）

（南斯拉夫议会 1976 年 12 月 4 日通过
1977 年 7 月 1 日生效）

三、管辖权和法律手段

第 19 条 除非法律对一定的情况作了规定，才可以对行政诉讼中所作出的判决提出上诉。

对在共和国或自治省的整个境内不具有管辖权的法院已生效的判决，可以由当事人向共和国或自治省具有管辖权的法院提出对该法院的判决进行特别再审的要求。可以因实体权利受到侵犯或因违反能够影响对案件裁决的诉讼程序方面的法规而提出该要求。

本条第 2 款所指的特别再审的要求，不适用于符合法律规定允许上诉的情况。

第 20 条 对共和国、自治省的法院和最高军事法院在行政诉讼中作出的已生效的判决，当事人可向联邦法院提出进行特别再审的要求，可以因违反联邦法律、其他联邦条令和联邦一般条例，或因违反能够影响对案件裁决的诉讼程序方面的法规，并且对此问题又能适用联邦法律而提出该要求。

对法院在行政诉讼中就有关行政文件合法性所作出的已生效的决定，当认为该文件使其他共和国和自治省的联合劳动组织和劳动者在统一的南斯拉夫市场上处于不平等的地位时，对此有异议的当事人可以向联邦法院提出进行特别再审的要求。可以因实体权利受到侵犯，或因违反能够影响对案件裁决的诉讼程序方面的法规而提出该要求。

除非是特别再审的要求或本法第 19 条规定的上诉以及联邦法院不允许上诉的情况，才可以提出本条第 1 款和第 2 款所规定的要求。

联邦法院在由 5 名审判员组成的合议庭内对本条第 1 款和第 2 款所规定的要求作出裁决。

第 21 条　对在行政诉讼中不具有行使共和国或自治省最高法院职能的法院的已生效的判决,如果该判决违反法律,其他法规或一般条件,共和国或自治省的具有管辖的公诉人可以向有管辖权的法院提出维护法制的要注。

对在行政诉讼中行使共和国或自治省最高法院职能的法院的决定,如果该决定违反共和国或自治省的法律,其他法规或一般条例,可由具有管辖权的公诉人提出维护法制的要求。

对共和国或自治省法院已生效的决定和联邦法院合议庭的决定,如果这些决定违反联邦法律、其他法规或一般条例或因违反能够影响对案件裁决的诉讼程序的联邦法规,并且问题的性质又适用联邦法律的话,联邦公诉人可以向联邦法院提出维护法制的要求。而对最高军事法院的决定,则由南斯拉夫人民军的军事检察员提出维护法制的要求。如果提出的是本条第 1 款所规定的要求,联邦公诉人只可能对共和国或自治省具有管辖权的法院之决定提出维护法制的要求。

对联邦法院合议庭的决定所提出的维护法制的要求,由联邦法院在共同会议上作出决定。

第 22 条　对 2 个或几个共和国法院之间或自治省与别的共和国法院之间,以及这些法院与最高军事法院之间有关管辖权的争议,由联邦法院裁决。

四、诉讼程序

(二) 特别再审、维护法制要求和上诉的程序

第 45 条　应按本法第 25 条规定的方式,向有管辖权的法院提出对原法院的判决进行特别再审的要求(第 19 条、第 20 条),以及维护法制的要求(第 21 条)。

第 46 条　当事人可于收到判决书之日起三十天内向具有管辖权的法院提出本法第 19 条和第 20 条所规定的进行特别再审的要求。

具有管辖权的公诉人可于当事人收到判决书之日起 3 个月内提出维护法制要求。

第47条 本法第19条、第20条和21条所规定的要求,其内容应包括如下方面:提出进行再审或维护法制要求的原法院判决,以及要求进行再审的根据和范围。

如果本条第1款所规定的要求其内容有不完备或不明确之处,主管法院应按本法第29条的规定进行处理。

第48条 凡不允许提出的或不按期提出的要求,或由未被授权的人提出的本法第19条、20条和21条所规定的要求,主管法院可通过裁定不予受理。

如果主管法院受理了本条第1款所规定的要求,应将要求书送达给对方当事人,对方当事人应在主管法院规定的期限内对要求作出答复。

被提出本条第1款所规定的要求的法院和被告机关必须按主管法院的要求,及时地将全部案卷送达给它。

第49条 主管法院一般在内部会议上对本法第19条、20条和21条所规定的要求作出裁决,并且只在其要求的范围内审查被反驳的判决。

第50条 对本法第19条、20条和21条所规定的要求受理与否,由主管法院通过判决决定。

如果主管法院通过判决对本条第1款所规定的要求予以受理,则应撤销或变更对其提出要求的原法院的判决。

如果主管法院撤销该法院的判决,应将案卷发回其判决被撤销的原法院,该法院必须进行全部程序的工作,并按主管法院的指示对案件进行审理。

(三) 复审程序

第52条 有下列情况之一的,经判决或裁定终结的诉讼程序,根据当事人的要求可进行复审:

(一) 如果当事人获悉新事实或获得能使用的新证据,根据这些新事实或新证据能够更有利于对其纠纷的裁决,并且这些事实或证据在前次诉讼程序中未被提出或使用过;

(二) 如果法院的决定是因法院审判员或工作人员的刑事犯罪所造成的,或是因当事人的法定代理人或全权代表,其对方或对方的法院代理人或全权代表以欺骗行为谋得的,而该欺骗行为又属于刑事犯罪;

(三) 如果法院的决定是按刑事案件或民事案件的性质作出的,而该

判决以后又被其他已生效的法院决定撤销;

（四）如果法院的决定所依据的审理是不真实的或被错误地变更，或证明人、鉴定人或当事人在法院被询问时提供不真实的证词，而法院的决定又是根据该证词作出的;

（五）如果当事人能够用在同一性质的行政诉讼中所作出的前次决定;

（六）如果未能使有关的当事人参加行政诉讼;

只有在当事人没有过失而又未能获得在前次诉讼程序中的那些情节时，才允许对本条第1款的第5项所规定的情况进行复审。

第53条 复审程序应至迟于当事人获悉复审程序的理由之日起30天内提出，如果当事人在法院诉讼程序终结前获悉复审程序的理由，但该理由又不能在本次诉讼程序中使用，那么，应在法院的决定送达之日起30天内提出进行复审。

提出复审程序，自决定生效之日起计算，5年后失去时效。

第54条 对复审程序之诉讼，由根据复审理由而作出决定的那个法院裁决。

第55条 应向有裁决管辖权的法院提出复审程序（第54条）之诉讼，在起诉书中应特别注明下列内容：

（一）提出复审的原判决或原裁定;

（二）复审的合法依据（第52条）和证据，即构成该依据成立的确凿事实;

（三）在法定期限里提起诉讼所根据的事实，并对此予以证实;

（四）在哪些方面和何种范围内，要求重审原判决或原裁定。

第56条 具有管辖权的法院对复审之诉讼作出裁决。

如果法院确定起诉是由未被授权的人提出或不按期提出的起诉，或当事人至少未提出使程序重复之合法依据成立的确凿事实，则法院可以通过判决不受理起诉。

如果法院未按本条第2款的规定而受理了起诉，应将起诉书送达给对方当事人和有关的当事人，并通知它们在15天内对起诉作出答复。

第57条 在应对起诉作出答复的期满之后，法院可以通过判决对复审之诉讼作出裁决。

如果复审被允许，法院应宣布前次决定的全部或部分无效。

未受复审理由影响的前次诉讼活动，不再重新进行。

通过判决允许复审，也应通过判决对主要问题加以裁决。

第 58 条 对法院复审诉讼的决定，可适用主要案件的法律程序。

第 59 条 如果对本法第 52 条到 58 条没有作另外的规定，则本法规定的起诉程序和法律手段的程序相应地适用于复审。

(四) 诉讼程序的其他规定

第 60 条 凡本法对行政纠纷的程序未加规定者，相应地适用民事诉讼法的条款。

第 61 条 由行政诉讼中的当事人各自承担其费用。

国际法院再审制度简介*

　　国际法院的判决是终局性的。判决一经作出，即对本案及本案当事国产生拘束力，当事国必须履行。如有一方拒不履行判决，他方得向安理会提出申诉，安理会可以作出有关建议或决定采取措施执行判决。法院成立以来尚无判决被拒绝履行案例。

　　当事国对判决的意义或范围发生争执时，可以请求国际法院作出解释。当事国在判决作出后，如发现能够影响判决的、决定性的、且在诉讼过程中不可能获知的新事实，可申请法院复核判决，复核程序与诉讼程序相同。申请复核至迟应于新事实发现后的6个月内，并在判决之日起不超过10年内提出。

---

* 节选自黄进、张丽英主编：《国际法·国际私法·国际经济法》，法律出版社2001年版。

【域外再审制度研究】

德国的再审制度

法工民字〔2006〕24 号

2006年8月26日至9月2日，应德国司法部的邀请，法工委民法室组成代表团，考察了德国民事诉讼法律制度中的再审和强制执行制度，现将德国的再审制度简报如下：

一、民事诉讼制度概况

据德国负责民事诉讼立法工作的专家介绍，德国的法院为四级，即初级法院、州法院、州高级法院和联邦法院。目前，初级法院有680家，负责审理5000欧元以下标的的一审民事案件，由法官独任审理，每年审理的案件达140多万件；州法院有116家，负责审理价值超过5000欧元以上标的的一审民事案件，一般由3名法官审理，简单案件也可由一名法官独任审理，州法院每年受理的一审民事案件达40余万件。

上诉制度规定在德国民事诉讼法的第三编中，上诉是其总称，包括控诉、上告和抗告三种形式。对初级法院判决不服的，可以上诉（控诉）到州法院，每年约7万件左右，上诉案件一般由3名法官审理；对州法院一审判决不服的，可以到州高级法院上诉（控诉），由3名职业法官审理，每年6万件左右。当事人对上诉（控诉）判决不满的可以到联邦法院上告，上告案件由5名法官组成合议庭审理。由于法律对上告作了较为严格的条件限制，因此每年受理的上告案件为1200件左右。

婚姻家庭案件由初级法院负责一审，当事人如果对判决结果不服，直接上诉到州高级法院。

为了避免二审法院花费的精力与争议的标的额不相符，德国法律对上诉规定了一些限制条件，上诉案件标的额价值不得低于600欧元，但低于600欧元的案件在一定条件下可以到联邦宪法法院寻求上告救济。联邦法院由5名法官组成合议庭审理上告案。2002年司法改革后，对上告案件规定了一些限定条件：第一，标的额的限制。为避免联邦法院压力过大，对联邦法院受理的上告案标的额不得低于20000欧元；第二，设定许可前置程序。上告案要经过上诉法院或者上级法院的许可；第三，上告事由要涉及法律的基本问题和大众利益。上告案件要有助于澄清基本的法律问题、有助于法律的统一性、有助于法律的再发展。当事人对于法院作出的不同意上告的决定，可以再上告到联邦最高法院。

据统计，德国共有法官21000名，其中刑事法官约4000名左右。每年受理民事案件约150万件，人均审理案件的数量是：初级法院的法官约670件；州法院审理初审案件约200件，上诉案件约170件；州高级法院为70件左右。2004年，民事案件一审判决共27万件（占受理案件的25%左右，其余为调解解决、撤回诉状、被告没出庭或承认债务，其中7万件上诉）。

二、再审制度

对于确定的终局判决，当事人可以申请再审，德国的再审制度规定在民事诉讼法第四编。

（一）关于再审的主体及事由

再审申请只能由当事人提出，检察院、法院都不能作为提起再审的主体。提出再审的事由主要涉及两个方面，即程序和内容。基于这两方面的事由，当事人可提起取消之诉或回复原状之诉申请再审。取消之诉是以原审判违背程序上的规定为理由提起的再审之诉；回复原状之诉是以原审判损害当事人实体上的权利为理由提起的再审之诉。

1. 审判违反法定程序

（1）审判组织的组成不合法。例如，按照法律规定，案件应当组成合议庭进行审理，但法院却由法官一人进行了独任审判。庭审质证时，庭审组成人员中有的法官缺席或者有的法官在庭审中睡觉等。

（2）依法应当回避的法官没有回避。包括两种情形，一是按照法律规定的情形，法官应当主动回避而没有回避；二是当事人申请法官回避，且此申请已被法院宣告为有理由，但该法官仍参与了审判。

（3）当事人未经合法代理。例如，当事人为无民事行为能力人或者限制行为能力人，未经过其法定代理人的代理，法院没有查明即作出了判决。

德国立法机关的专家认为，以上事由均属可能使法院审判的公正性产生动摇的程序性问题，这些事由对于不得控诉的 600 欧元以下标的额的一审判决和不得上告的 20000 欧元以下的二审判决，尤具意义。

2. 法院审判损害了当事人的实体权利

（1）诉讼欺骗。判决是以对方当事人宣誓作证的证言为基础作出的，而该当事人所作发言被确定为不符合事实、欺骗法庭并受到刑事追究的。

（2）判决所依据的证书是伪造的。法院以对方当事人提供的证书作为判决基础，但事后证明这个证书是伪造或者变造，其行为被确定为有罪的。

（3）证人证言及鉴定结论是虚假的。判决以证人证言或者鉴定结论为基础，而证人或者鉴定人犯有违反其真实义务的罪行，并被确定有罪。例如某一专家违反了说真话的法律要求，后被确认说了假话并受到刑事追究。

（4）代理人有违法犯罪行为的。当事人的代理人、对方当事人或代理人犯有与诉讼有关的罪行，而判决是基于这种行为作出的。例如对方当事人的代理人作伪证，当事人的代理人与对方当事人恶意串通，损害当事人的利益的行为。

（5）审理案件的法官有违法犯罪行为并被刑事追究的。参与审判的法官犯有与诉讼有关的，不利于当事人并违反其职务上义务的罪行，被确定有罪的。例如法官在审理该案件时有贪污受贿，徇私舞弊，枉法裁判的行为。

（6）据以判决的另一判决被撤销的。终审生效判决是以另一判决为基础作出的，而该判决已被另一确定判决撤销。

（7）有其他判决或者证书可能改变证据状况的。当事人发现以前就同一事件所作的确定判决或者证书，这种判决和证书可以使自己得到有利的裁判。例如亲子鉴定证书，直接影响已生效的婚姻家庭案件的判决的，可以重新审理。

（二）关于提起再审之诉的期间

在判决发生法律效力之后，当事人知道再审事由之日起一个月内，应当提起再审之诉。自判决发生法律效力之日起已满五年的，当事人不得提起再审之诉。即使五年之后，审理该案的法官被认定审理该案时有违法犯罪行为并被判刑的，也不得再提起再审申请。五年是一个除斥期间。这一规定主要出于社会稳定和法律上的和平的考虑，到了一定的期限就要结束案件的审理，哪怕原判决确实存在问题。

据德国专家介绍，欧洲一些国家的法律专家对此有不同看法，法国的专家认为公平更重要，德国也在考虑这一规定是否符合时代要求。

（三）关于再审的管辖

再审案件原则上是由一审法院负责审理，如果上诉法院对案件的事实进行了审理，该案件的再审则由上诉法院管辖，具体规定是：

1.600 欧元以下的案件一审由初级法院管辖，法律规定一审判决即生效力，当事人不得上诉。但在符合法定再审事由的情况下，当事人可提起再审之诉。此再审之诉由作出生效判决的初级法院管辖。

2.600 至 5000 欧元的案件一审由初级法院管辖。如果双方当事人对初级法院的一审判决没有上诉而导致该一审判决生效的，当事人可以提起再审之诉，此再审之诉由作出生效判决的初级法院管辖。

3. 当事人对初级法院的一审判决不服而上诉到州法院，州法院作出二审判决并生效的，当事人在符合法定再审事由的情况下，可以提起再审之诉，此再审之诉由州法院管辖。

4. 超过 5000 欧元的案件由州法院作为一审法院管辖。如果双方当事人对州法院的一审判决没有上诉而导致该一审判决生效，在生效后当事人知道法定再审事由的，可以提起再审之诉，此再审之诉由作出生效判决的州法院管辖。

5. 当事人对州法院的一审判决不服而上诉到州高级法院，州高级法院作出了二审判决并生效后，当事人在符合法定再审事由的情况下，可以提起再审之诉，此再审之诉由州高级法院管辖。

6. 当事人对于法院受理费、律师费异议的再审案件,由联邦法院管辖,这一规定是 2002 年司法改革后的一项新内容。

(四) 关于再审的审理程序

1. 当事人提出申请再审的诉状

申请再审只能由当事人提出,诉状应记载以下内容:

(1) 提出不服生效判决的理由,当事人提出的理由要符合法定再审的事由;

(2) 提出自己是何时知道可以再审事由的,以证明自己是在法定期间内提出了再审之诉;

(3) 提供与再审事由相关的证据,特别是对法院事实认定部分提出再审时,要提供所依据的证书的原本或缮本。如果证书不在申请再审的当事人手中,当事人应当作出说明,为取得该证书,可以向再审的管辖法院提出申请。

(4) 提出再审的具体诉讼请求,即在何种程度上申请废除原生效判决,是全部废除还是部分废除。

2. 法院对再审申请的审查

法院收到当事人再审之诉的诉状后,要经过审查、决定是否中止判决的执行和重新审理等程序。审查包括以下几个方面:

(1) 申诉是否为法律规定所准许,包括:当事人申请再审的事由是否在法定再审事由范围之内;当事人所提出的再审理由是否成立及因果关系,提供的证据能否证明再审之诉的理由。以此判断原生效判决是否存在程序或者实体上的错误。

(2) 再审申请是否在法定申请再审期间内。

(3) 法院在立案前,可以就当事人提出的再审事由是否成立、是否合法进行辩论。

经过审查后,法院作出立案再审或驳回当事人的再审请求的决定。

法院决定立案再审后,就要决定是否中止原判决的执行,中止执行对是否担保并无要求,法院可依申请命令提供担保或不提供担保而暂时停止强制执行。为了保障债权人的利益,在通常情况下要求担保;但如果债务人没有能力的情况下,也可以不要求担保。

(五) 关于再再审

法律对于再审没有次数的限制,但由于有五年期间的限制及其他法定要求,实际上不太可能发生再再审的情况。

李文阁

法制工作委员会民法室

2006 年 9 月 29 日

理念定位·制度构架·改革建言[*]
——民事再审理论与实务国际研讨会综述

由最高人民法院审判监督庭主办、江苏省高级人民法院和江苏省无锡市中级人民法院协办、联合国开发计划署（UNDP）资助的"民事再审理论与实务国际研讨会"，于2006年8月8日至10日在江苏无锡召开。来自德国、日本以及中国人民大学、中国政法大学等高校的学者，全国人大、最高人民法院、联合国项目官员和部分地方法院的代表40余人参加了会议。会议代表共提交论文17篇。研讨会期间，与会代表围绕民事再审制度相关问题进行了深入研讨和广泛交流，对改革民事再审制度的相关方面形成了一些共识，对再审程序构建和一些具体制度设置提出了若干有益的建议，并引出了值得进一步思考的问题。

一、再审制度的理念定位

随着我国法治步伐的加快和经济社会发展对司法工作不断提出新的要求，改革司法体制和工作机制、完善有中国特色的社会主义司法制度已经成为新的重要任务。改革民事再审制度是中央确定的司法体制和工作机制改革的一个重要内容，也是时代的任务。理念是行动的先导，改革民事再审制度需要理论的支撑，更需要正确的理念定位。

（一）理念反思

作为参与民事诉讼法起草者之一，中国人民大学教授江伟对现行民事诉讼法审判监督程序的制定进行了反思。他指出，审判监督程序是中国古

---

[*] 原载《人民法院报》2006年11月6日、11月13日。

代的那一套到现在的遗留。如果从现代的意义来解释,只有一个情况符合审判监督,那就是法官贪赃枉法,导致判决不公。现代意义上的再审,与审判监督是不同的。1991年修订民事诉讼法时,原本要把审判监督程序改为再审程序,但由于一些原因,没有改成。现在我们还是希望修改,我们要把这个观念理顺。中国政法大学教授杨荣新认为,再审的理念,就是再审要达到的目的,我个人认为再审就是要达到司法公正,和整个民事诉讼的理念是一样的。1991年民事诉讼法修改,把审判监督放大,我感觉再审和审判监督两者之间存在着概念模糊。我们现行法中命名为审判监督程序,我认为有些不妥。

(二)域外经验

德国海德堡马克思－普朗克公法研究所研究员伯阳(Bjoern Ahl)介绍,在德国,为了维护法律的安定性,再审制度是受到严格限制的。再审的形式主要有撤销之诉、回复原状之诉,共有10条再审事由。并强调指出,对于已经生效的民事判决的效力进行阻断的再审程序,在德国是一个非常非常特殊的例外情况,所以只在有限的范围内被使用。这个情况中国和德国可能是有不同的。日本一桥大学国际企业战略研究所教授小林秀之指出,在日本再审的案件数量特别少,全国每年在100到200件之间。[①]一般不会轻易认可进入再审,如果轻易认可的话,会影响法律的稳定性。由于再审事由的补充性原理,如果原来的上诉审中主张过的事由在再审时就不能再提出。在日本关于再审的申请是挺多的,但申请成功的很少。刑事裁判中往往比较容易提起再审,而民事案件往往不被同意提起再审。北京师范大学教授刘荣军介绍,国内一些人对英美法系的再审制度存在误解,认为他们没有再审制度。其实,美国针对错误生效裁判的再审制度很完善,主要是由联邦法律规定的,比如联邦诉讼规则第59条以及第60条,均表明了对生效判决的一种特殊救济以及特殊救济的程序。这种变更判决的制度有二,即 new trial 以及 rehearing 制度,但启用较少。

[①] 日本全国的再审数据有不同表述。"日本各级裁判所每年受理的再审案件,随着民事诉讼案件总数的增加呈渐增的趋势,但即使到了最近几年,再审受理件数较少的年份仅为400余件,受理件数多的年份也不过500余件",参见王亚新:《对抗与判定——日本民事诉讼的基本结构》,清华大学出版社2002年版,第365页,脚注49。

(三) 理性分析

民事再审制度的改革需要把握其自身的性质和特点，唯其如此，才能正确把握民事再审诉讼的基本规律，架构出科学的民事再审诉讼制度。江苏省高级人民法院副院长周晖国分析认为，民事再审改革，应当做到"实事求是、有错必纠"与"法律事实、依法纠错"统一，"实事求是、有错必纠"在民事再审制度中的体现就是"法律事实、依法纠错"；做到维护裁判的既判力与案件裁判的正当性并重，两者之间的平衡点就是既判力要以生效裁判的正当性为依据；做到尊重当事人的处分权与适当的公权干预协调，我国的民事再审改革要实现由公权主导向尊重当事人意思自治的转变，但对于侵害国家、集体和社会公共利益，不排斥国家公权力的必要干预。改革的基本目标是建立再审之诉、畅通再审渠道、实行特殊救济和维护程序安定。

(四) 理念定位

民事再审制度的理念定位，很大程度上在于厘清申诉和申请再审、审判监督程序和再审程序等基本概念及其之间的关系。江伟教授认为，按道理来讲，申诉就不是诉讼程序范围里的问题，不应进入诉讼程序，由于立法上的疏漏和传统上旧的理念影响，在一定程度上造成了目前信访形势严峻、反复申诉等后果。现在要树立的理念是对当事人申请再审的诉权化改造，今后我们应强调申请再审，淡化申诉这个问题。杨荣新教授认为，改革民事再审制度，首先要将审判监督程序篇改为再审程序篇，再审的概念范围要广一点，再审是一种诉讼制度，审判监督只是发动再审的一种方式。再审不是一般意义上的监督，而是保护当事人诉讼权利的一种制度，是为了纠正程序和实体上的错误，同时也起到监督错误的作用，但最终的任务不是监督，再审是最后的法律救济。中国人民大学教授汤维建认为，根据现有资料，两大法系国家均存在再审制度，而且再审案件都比较少，再审程序的利用率比较低，基本属于"备而不用"。因此，我们要重视再审制度，不能将其边缘化，无论立法、司法、还是学术领域都要将其放在中心位置。通过运作再审制度，反向推动正常的诉讼程序的改革和更新。再审的模式要与时俱进，目前存在三种再审模式：苏东政策形成型模式、大陆法系私权救济型、英美法系程序救济型。我们的再审模式要从政策形成性逐渐向私权救济型和程序救济型过渡，要将法律背后的社会、文化、政治等各种因素联系起来考虑。

二、再审程序的制度构架

（一）制度构建的理论基础

由于大陆法系代表性国家德国、日本均实行三审终审制，而且再审制度具有强烈地补充性，一般均规定了当事人已经依据上诉主张过的事由或明知存在事由不为主张者，不得申请再审。因此，在发动再审的入口，即再审事由上均采取列举主义。日本法学家小林秀之教授介绍，在十年前日本司法改革时，曾对再审事由和诉讼标的的关系作过讨论，有学者认为，由于再审目的是取消原判决，再审是一种类似于上诉的救济手段，所以再审的诉讼标的通过一般的诉讼标的来加以把握，这样的说法是比较有利的。在现行法下面，一旦确定再审事由存在的话，就要作出再审的决定。在作出再审决定之后，原审判决实际已经被废弃，再审的诉讼标的只有一个。南京师范大学教授李浩认为，再审之诉作为一种诉，亦有其诉讼标的。再审之诉的诉讼标的学说，主要有一分肢说和二分肢说，一分肢说就是如果当事人没有在再审之诉中将两个原因都主张的话，申请被驳回后，就不能依据另一个原因再行主张权利。二分肢说就是如果一个原因被采纳了，那么还可以就另一个原因提起。建议我国采二分肢说，因为这样可以充分保护当事人的权利。

（二）改革试点模式的探索

2006年上半年，最高人民法院确定广东省高级人民法院和江苏省高级人民法院进行审判监督改革试点，研讨会围绕广东模式和江苏模式进行了探讨。广东省高级人民法院审判监督庭庭长李季介绍，广东的试点主要有四个方面：（1）再审立案的指导思想确立为"可能有错"。现行民事诉讼法将"确有错误"作为再审立案标准，实际上是一种假想的"确有错误"。我们明确提出可能有错概念是"原生效裁判存在有错误的可能性，可能导致对原生效裁判的改判"，并明确了45种可能有错的情形，将再审的准入条件化。(2) 确立可能有错立案再审原则有必要。在广东，信访、申诉、检察院抗诉案件很多，改革探索是试图改变具有很强行政化色彩的现行再审模式。具体做法是，立案庭负责再审案件的立案工作，分案之后，对申请再审的要求分出立案再审的案件和驳回申请的案件。立案再审的，就发出裁定，移交审判监督庭。操作中，我们把基本有错的、反映很强烈的都包括在立案再审的范围内。由于以前采取复查的形式是不公开的，我们也做了很多工作，与再审的工作量差不多一样，但那不叫做再审，实际效果并不好。现代司法理念就要求公开化和透明度，因而还不如公开审理。(3) 可行性。审判监督改革的基本理念就是进行诉权化改造，我认为从再审起动时就应当诉权化。原先做法是在民事裁定中表述"确有错误"，故提起再审，但再审后没有改判，让当事人感到法院内部自相矛盾，故可能有错误才是符合审判逻辑的。我国的二审终审制可能有缺陷，那么在再审中是否可以给一个空间。我们按此操作，两年来，调解率不断上升，确实解决了很多问题。(4) 可能有错立案再审原则的正确运用和规范完善。在掌握45种具体的条件时，要符合可能有错的原则，最大限度地客观化具体条件，确保了立案再审的相对准确性。因此也确立了再审程序的立审分立原则。

周晖国副院长将江苏的改革试点介绍为"做到'六个明确'、区分'两类事由'、实行'两个分离'"。(1) 做到"六个明确"，就是明确申请再审的主体、再审事由、申请时限、再审管辖、申请再审次数和对象。(2) 区分"两类事由"，就是根据程序问题和实体问题的不同标准，区分为绝对的再审事由和相对的再审事由，采取不同的审查或审理方式。绝对的再审事由，是指原审裁判严重违反法定程序，损害了程序的公正性。这类事由通过程序性审查就能够确认和发现，只要这类事由存在，就应当提起再审。相对的再审事由，是指事实、证据认定和法律适用方面的再审事由。对这类事由需要法官对是否影响生效裁判的正确性进行实体性判断，从而决定是否提起再审。(3) 实行"两个分离"，一是实行形式审查与实质审查的分离。在申请再审立案受理时，主要采取形式审查的方式，着重对申请再审是否符合受理条件进行审查。在申请再审案件审理环节，应当采取实质审查的方式，着重查明再审事由是否存在，以决定是否启动再审程序。二是实行程序性审理与实体性审理的分离。对于绝对再审事由的申请再审案件，可以由立案庭直接进行程序性审理，符合条件的就提起再审；不符合条件的，直接予以驳回。对于相对事由的申请再审案件或者既有绝对事由又有相对事由的申请再审案件，应由立案庭立案受理后，移送审监庭进行实体审理，决定是否启动再审程序。

对于两种不同的改革探索路径，最高人民法院审判监督庭庭长宫鸣认为，广东和江苏两个省进行的改革，是在现行法律框架之下内部工作机制及相关方面的一些调整，目的是为了解决申诉无序化，维护案件的实体公正和案件的稳定性。广东和江苏的做法是有所不同的。但是，两个省根据自己不同的实际情况采取的方式，各有自己的长处。汤维建教授认为，两家试点单位的再审模式虽各有特点，但共性大于个性，均体现了将当事人申请再审诉权化改造的价值取向，体现了申请再审和再审的诉讼程序化而不是行政化，强化了再审事由、受理形式要件、时限等操作性，通过改革使申请再审权利归位于当事人，方向正确。

(三) 制度构建的建议

李浩教授认为，我国再审程序应采"三阶构说"，第一阶段是对当事人的申请作形式审查，审查的内容包括当事人是否适格，被申请的判决书或调解书是否是法律允许申请再审的法律文书，提出的再审事由是否属于法律规定的再审事由，针对再审事由是否提供了相应的证据材料，再审申请是否是在法律规定的期间内提出，再审案件是否属于本院管辖，再审申请是否经过审查等。经过这一审查，分别作出不予立案、决定立案的决定。立案后，对案件的审理便进入了第二个阶段，该阶段是对再审事由作实质性审查，即审查再审事由是否能够成立，再审事由成立的，进入对本案审理的第三阶段，再审理由不成立的，裁定驳回再审申请。此际的驳回，相当于德、日两国以诉无理由为依据的驳回。第三阶段是对本案的审理，再审后，对本案作出改判，维持原判，撤销原审裁判重新作出裁判等决定。杨荣新教授认为，应将审判监督程序改名为再审程序，将审判监督庭改名成再审庭。再审庭要同时进行形式和实质的审查。再审案件以当事人申请再审为主，审判监督应当是检察院的职权。汤维建教授认为，再审是事后救济，故要受限制，主要在事由上要加以限制。在再审制度构建上，要去除几个制度性因素：（1）去公权化。再审是参与性监督而不是干预性监督，审判监督可以并入再审程序。（2）去实体化。把实体理由用程序理由来包装，还原为程序性理由，因为实体理由不好把握。（3）去行政化。申请再审的审查变为"审理"，虽仅一字之差，但与原来的做法相去甚远，这么一改后，实际是主要依赖当事人的对抗、辩论进行审理。（4）去法外化。同时，改革现行再审制度，还要注入一些制度性因素：（1）注入当事人的主体性意识。当事人在再审中一直都是主体。（2）注入事由的法定因素。再审事由应采列举主义、法定主义。（3）注入诉讼的程序性因素。从接受当事人的诉状开始就要当作诉对待。（4）注入阶段性因素。再审程序要分成两个或三个阶段。通过去除和注入的改造，从而形成完整的、有限再审的、当事人自治的再审程序。总之，再审制度的构建要体系化，不能孤立的进行，要与审级设置、执行程序等各个方面联系起来，通盘考虑。

三、再审程序的具体制度改革

在再审理念定位和制度建构的基础上，与会代表还对再审程序的一些具体制度改革进行了深入的探讨。

（一）申请再审诉状要求

当前，申诉无序化、申请再审信访化的重要原因之一就是法律对申请再审书状没有明确要求。对此，江伟教授认为，申请再审起码要有申请再审诉状。起诉、上诉都有诉状要求，申请再审也必须要有，而且诉状上还要有明确的再审事由。申请再审要符合形式要件，这应成为法律的规定，一定要符合程序。有些人就是宽容了这一点，来访人一闹，条件就放宽了，将案件放进来。立案庭进行审查，认为符合条件的，才可以移送审判监督庭，不符合条件给立案的，审判监督庭审理后驳回申请再审，当事人还会认为既然符合条件为什么驳回，这就给当事人缠闹的理由。小林秀之教授介绍，在日本，申请再审必须要有诉状，而且再审诉状中需记载如下内容：（1）当事人和法定代理人。（2）对声明不服的判决的表示及对该判决请求再审的意旨。（3）再审的事由。

（二）再审应有独立的审理程序

在审理再审案件中是准用一审或二审程序，还是应当构建独立的、反映再审审理特点的程序，历来存有争议。对此，杨荣新教授认为，再审制度很重要，但目前却没有自己独立的再审程序。应该要有严格的程序，使得错误的裁判能够得到纠正，正确的能够维持，以维护生效法律文书的威信。绝对不能出现本来对的，再审又改错了。所以程序制度方面应当规定的更严格一些。再审审理程序要规定很细，在什么时间里可以申请再审，什么案件可以申请再审，哪些案件可以排除，哪些案件可以再审。

（三）再审发动主体

在德国、日本，由于再审之诉的确立，再审程序的发动仅限于当事人，与会代表普遍认为，我国的再审程序应当将当事人申请再审作为发动再审的主渠道，但对于是否应当保留法院依职权提起再审和检察院抗诉再审，存在一定的分歧。对此，杨荣新教授认为，再审要不要检察机关的检察监督？从客观上来讲，确实还有必要有一些监督。但是监督的条件一定要严格、范围要作限制，主要限制于涉及一些国计民生和重大国家、社会公共利益，以及当事人确实有问题、需要救助的案件。从检察监督的角度来看，一个法治国家进行一些监督是有必要的。但也有代表持不同意见。江伟教授认为，检察机关作为宪法规定的法律监督机关，发展到现在为一个以办案为主的机关，这是不好的，应当对其参与办案进行严格限制。

（四）再审事由设置

与会代表普遍认为再审事由的法定化、明细化是民事诉讼由职权主义模式向当事人主义模式转变的重要领域之一。伯阳研究员介绍，在德国，再审的形式主要有撤销之诉以及回复原状之诉，提起撤销之诉的事由有4项，提起回复原状之诉的事由有7项，共计11项再审事由。再审程序中，法官会特别注意提起再审的程序性错误。但法律适用的错误不是再审的理由，原因在于，在德国，一般认为判决效力的稳定性和法律适用的准确性相比较，稳定性更为重要。小林秀之教授指出，在日本民事诉讼法中，再审事由只列举了10个，是参照德国的做法，历史上一直这么规定的。学理上认为，如果列举太多的话，会造成很多再审案件，这会影响法律的安定性。

（五）再审管辖法院

再审程序与原审程序的关系问题，法院裁判的公信力以及是否满足当事人认为的司法公正的心理，是再审案件管辖法院设置均需考量的重要因素。伯阳研究员指出，在德国，特别强调再审程序由原审法院专属管辖，这是因为，再审不是一个普通的法律救济手段，其概念中非常明确。普通的法律救济是寻求上一级法院，再审不强调寻找上一级法院，而认为在再审理由成立的范围之内，再审阶段新的法庭审理和第一次法庭的审理构成一个整体，再审程序和原审程序是一个整体。小林秀之教授介绍，日本实行继续审理主义，一审和二审是事实审，二审是控诉审，申请再审只能针对控诉审。再审专属作出声明不服的判决的法院管辖。但杨荣新教授认为，出于公信的需要，我国民事再审制度改革中，再审管辖宜"上提一级"。

（六）再再审例外

由于法律上的缺陷和我国历史上形成的"申冤"传统，现实中出现"申诉不断""反复再审"。再审后，当事人仍然不断递交申诉状，或通过其他途径推动再次再审，因此，再再审问题也是理论和实务界关注的焦点问题之一。全国人大法工委民法室处长李文阁提出，关于"终审而不终"的问题，如果确定再审一次，是不是还要再开一个小口子？如果当事人对再审结果仍然认为有错误，还可以提出再审，但应当附加什么条件？如果当事人对再审结果认为有错误，转而向检察院申诉，检察院认为再审结果有错误，提出抗诉，按照这个推下去的话，不还是再再审吗？杨荣新教授认为，申请再审应以一次为限，不能多次再审。但再审级要高，只要是提出再审的，都由上一级法院审理，假定再审之后还有错误，这时应当牺牲个案的不公正，从而达到维护法律和整个社会的安定性。江伟教授认为，再审程序本来就是一个特殊的救济程序，现在司法实践中将案件翻来翻去，对社会秩序也是个破坏，故建议原则上要确定不能再再审。但是"开一个小口子"也很难设置。而且"小口子"一旦定下来，就会有很多例外。因此，我们对极少数案件考虑"开小口子"时，一定要严格把关。

(七) 第三人异议之诉

损害案外人利益案件的处理方法,有两种途径。在日本,是通过第三人异议之诉解决的,而在德国,根据伯阳研究员的介绍,第三人无权提出再审之诉,但可以提出执行抗辩之诉。在我国,第三人能否对生效裁判提起再审之诉时有争议,审判实务中经常遇到第三人的权利确实受到了生效判决的侵犯,而民事诉讼法却没有明确规定救济途径,实际操作中是以院长依职权提起再审。对此,江苏省徐州市中级人民法院副院长孙欣认为,再审制度设置的目的之一就是在当事人的权利受到错误的生效裁判拘束而受害时,给予其一个救济的机会。在第三人有权利保护的必要而其他程序存在救济障碍时,应当准许其提起再审诉讼或参加再审,第三人直接介入到原生效裁判的再审之中,能够有效地保护原告、被告、第三人的诉讼权利和财产权利,符合诉讼经济、一次性解决纠纷原则,并避免裁判相互矛盾的发生。第三人提起再审需要考虑四个问题:(1)案外第三人对前诉讼持有利害关系的"程度"与"种类";(2)第三人是否具有值得保障的法律上利益,致使法院应该或适当对其进行诉讼上的告知;(3)第三人与当事人之间的实体法律关系与其利害关系是否一致;(4)纠纷案件的本身是必要共同诉讼,还是类似共同诉讼,还是第三人请求宣告无效还是部分撤销。采用法国、我国台湾地区的第三人撤销诉讼将对诉讼法作出大幅度的修正,变革的成本是高昂的,而通过诉前法院通知利害关系人参加诉讼(英美模型)和准许于前诉裁判有法律上利害关系人参加再审诉讼(日本模型),来解决这一问题,是较为可行的改革思路。

(八) 再审证据适用

"证明责任是整个民事诉讼的脊椎",证据是证明责任依赖的基本要素,再审证据的重要性也不例外。新证据作为启动再审的事由,具体掌握标准,历来众说纷纭。山东省青岛市中级人民法院审判监督庭庭长张春娟认为,最高人民法院2001年出台了《关于民事诉讼证据的若干规定》司法解释,有了相对完备的证据体系。但是该证据规则的出台也给我们提出了新的问题,证据规则出台以前民事案件没有证据时效的问题,当事人在一、二审未提出的证据我们都以新的证据来审查。实际操作中,再审的新证据与证据规则确定的举证时限制度及证据失权制度等之间在基本理念和适用目的上存在对立和矛盾之处,对再审新证据的取舍标准过宽或过窄,均会出现问题。理论界与实践界对这个问题也存在分歧。新的证据是指原审庭审结束以后新发现的证据,对此有两种解释,一种观点认为,新证据是指之前虽然出现,但在通常情况下当事人无法知道其已经出现,当事人在原审程序中没有发现该证据,因而不可能提出该证据。另一种观点认为,主观意义上新的证据应当包括三种情况:第一,当事人在原审程序中没有发现该证据,因而不可能提出证据;第二,当事人知道存在该证据,但因无法收集而没有提出,或当事人虽然向人民法院提出证据线索,但法院没有收集该证据或没有收集到该证据;第三,当事人持有该证据,但因各种原因没有提出。个人比较赞成后一种意见。民事诉讼法第一百七十九条的"再审新的证据",应符合两个方面构成要件,即形式要件和实质要件。形式要件是从证据形成的时间来判断的;实质要件应当由法官根据当事人的主张和理由加以判断,审查当事人在原审中未提供证据的原因,是否存在故意行为或重大过失。再审新证据应当是指因不可归责于当事人的原因,在原审庭审结束前未发现并提交的证据。举证时限制度与"新的证据"本身即是一对天生的矛盾,事实上各国的立法者在解决这一问题时,几乎都在程序的硬性与发现真实的弹性之间找到最佳折中点,作为一种理性的选择。个人认为,在遵守举证时限制度基础上,我国可以对"再审新的证据"作较宽解释。这是因为,举证时限制度的理念基础是民事诉讼应追求法律真实,但法律真实本身并不是对客观真实的否定,也不是客观真实的对立面;从心理学的角度分析,理性的诉讼当事人,不会因为法律对再审新的证据制度作了较宽泛的规定,而在原审程序中消极地举证;并且,经过普通程序的审理,当事人以符合法律规定条件的新证据申请再审,只占生效判决的极少数。

(九) 再审裁判中价值取向

对于实体正义、程序正义以及程序安定和效益的把握,往往决定了再审裁判的最终结果。因而,对于这些价值的分析和取舍,意义重大。对此,北京市高级人民法院法官马成波认为:(1)诉讼程序的主体对诉讼需求有多层次,再审的启动是为了公正。实体公正应该是案件处理的标准,程序公正是案件程序的标准。如果脱离了实体就没有目标，失去方向。程序公正是实体公正的重要保障，程序公正有利于提高实体公正的可信度和权威性，同时还要考虑程序安定和程序效益。只有获得了实体和程序公正，程序的安定才有了基础。片面地追求效率，那就是负效率。(2) 在不同程序或程序的不同阶段，价值选择是有侧重的。尽管现在批评最多的是重实体、轻程序，但我们再审中还是要将实体放在程序前面。任何一个制度除非他的差错率低，都得有个纠错功能，况且差错是不可避免的。实际上，能不能自我纠错是评价一个制度价值的标准之一。我国司法传统强调实体公正的追求，再审程序改革过程中，如对再审限制可能涉及改变人民群众的司法预期，如果我们给予太多的限制就与这个预期相背。所以，从这一角度来看，不能不考虑普通民众对再审程序的司法预期。(3) 我国现阶段的司法现状中，当事人主要是以实体不公申请再审，对程序不公为由提出再审的也很少。实体公正的实现要有前提，即要再现争议事实和正确适用法律。但再现争议事实是不可能的，而且适用法律也存在不确定性。因此，实体公正是相对的。总之，在再审程序中坚持实体公正与程序公正并重，并在公正的基础上兼顾程序安定和程序效益。同时考虑到我国现阶段的具体情况，民事再审程序追求的价值还应该是一个排列有序的整体，按各价值位阶从高到低的顺序排列为：实体公正、程序公正、程序安定、程序效益。

民事再审制度改革不仅是诉讼制度层面的问题，而且关乎整个司法体制改革完善的问题，以及可能涉及我国社会转型期法制建设过程与社会政治、经济、法律文化中各种问题相互纠结一起的复杂处境，因此关注再审制度的重构实际上是对我国民事诉讼制度转型关键点甚或中国司法现代化进程的关注。这次研讨会为我国目前的再审制度改革，拓展了思路，明确了方向，提出了问题，取得了预期的成效。我们相信，朝着申请再审诉权化改造方向的改革，在加强党的领导和人民代表大会及其常委会的监督，取得广大人民群众的理解和支持，以及其他相关部门的大力配合下，一个反映全社会公平和正义、体现公正与效率、充分考虑中国本土资源的民事再审制度必将在我国有效确立，在构建社会主义和谐社会中发挥应有的效能和作用。

（执笔人：孙祥壮）

考察法、德两国民事再审制度的报告[*]

最高人民法院再审制度考察团

2006年9月,最高人民法院组团对法国、德国的民事再审制度进行了考察。在欧洲期间,考察团先后与法国最高法院、凡尔赛上诉法院、巴黎第五大学法学院,以及德国联邦法院(民事、刑事案件最高法院)、联邦法院律师协会、慕尼黑大学民诉法教研室、巴伐利亚州高等法院、联邦司法部、联邦律师协会等机构相关人员进行了专业会谈,对法国的非常上诉制度和德国的再审制度有了进一步的了解。

一、法国的非常上诉制度

将法国司法体系结构和实践作为更广泛背景,更容易理解法国的非常上诉制度这一主题。法国是实行三级二审制的国家。一审案件,根据争议标的额大小以及案件类型进行分流到小审法院、大审法院和特别法院,民商事案件争议标的额在7600欧元以上的案件由大审法院受理,低于该数额的案件由小审法院受理。上诉法院根据管辖地域和案件数量多少相应设立,处理二审案件,全国共有33家上诉法院,但争议标的额在3800欧元以下的案件,一般不得上诉。最高司法法院(La Cour de cassation,区别于最高行政法院)处于金字塔的顶层,全法国仅1家,仅对上诉法院判决本身的适用法律进行审理。最高司法法院在院长之下设有6个审判庭,其中前三个是民庭,分别处理与人身相关案件、民事责任类案件和不动产相关案件,第四庭是劳资纠纷庭,第五庭是商业商事庭,第六庭是刑庭。每个庭有1名行政意义上的庭长以及25名法官组成,法官分为资深法官和助理法官两类,资深法官89名,由年长者(55~65岁)担任,助理法官66

---

[*] 原载《人民司法》2006年第12期。

名,一般从下级法院选调,最多供职10年后仍回原法院。两者的主要区别是,资深法官对本庭所有案件均有表决权,助理法官只有在自己承办的案件中才有表决权。驻最高司法法院有1名首席检察长和22名检察员,他们的基本任务是确保该院的解释法律统一以及符合立法本意、普遍利益和公共政策意愿。在最高司法法院代理的律师也是一个特殊群体,共80名,由律师公会推荐,司法部长任命。

法国的非常上诉制度包括第三人异议、申请再审和向最高司法法院提出上诉三部分组成。在法国,当事人提起诉讼不收诉讼费,提出非常上诉也不例外。

(一)向最高司法法院提出(特别)上诉

法国最高司法法院不是上诉法院或其他法院审理之后的三审法院,其设立的基本目的不是对案件事实作出裁决,而是对原审法院在查明事实的基础上是否准确适用法律进行审查。这就是为什么说最高司法法院在严格意义上不对特别上诉案件的事实作出判断、而仅仅审查判决本身的原因。因此,每个特别上诉的目的是质疑司法裁判是否已经正确地适用了法律,最高司法法院的任务是回答裁判适用法律正确或不正确。若在审理特别上诉过程中发现认定事实错误,则采用发回临近的其他上诉法院或原上诉法院的不同合议庭处理。

1. 进入特别上诉的条件

提出此种上诉仅有时限2年的要求,没有其他条件限制,各方当事人均可提出,特别上诉期间不中止原判决的执行。最高法院每年接到约28000~30000件特别上诉申请。对于一些特别上诉,法官只是简单看一下上诉书,认为上诉不严肃,便起草简单报告,以滥用上诉权而被快速筛选掉,每年这样的案件占提出申请的四分之一左右。

2. 特别上诉的审理程序

进入上诉程序的案件一般要经过两个阶段,即个人审理和集体决议。在个人审理阶段,每名法官(被称为报告法官)对分到的案件进行阅卷,报告法官需要整理出三个材料:一是案情报告。主要内容是归纳案件事实,综述原审经过、当事人的诉讼请求、法律上可能存在争议的问题以及最高法院就此类案件的判例。这是个中立性的报告,不提出报告法官自己的意见,该报告很关键。二是处理意见。由报告法官在分析当事人意见的基础上，对法律上问题提出解决意见。三是草拟法律文书。将赞成和否定上诉的理由写入判决书草案（可能是两个相反意见的判决书草案，帮助准确判断分析）。之后，报告法官一方面将整个案卷材料和案情报告交给首席检察长，由检察官对案件作出一个全面分析、论述；另一方面，将三份材料交给审判庭庭长，由庭长和资深法官共同研究该案。每个审判庭分为两个审判组，一般案件由一个审判组合议，只有疑难复杂案件才由全体合议决定。在集体决议阶段，分为两步。一步是公开审判阶段，由报告法官综述案情，检察官提出意见。各审判组每个月开庭两次；第二步是评判表决，决定案件总体方向，是采纳还是不采纳报告法官意见，资深法官和助理法官均按照长幼顺序发表意见，如果报告法官为资深法官，助理法官的票数不计入内，如果报告法官为助理法官，计入资深法官和该承办助理法官的票数。庭长最后发言，目的是不对他人发言产生影响。然后，报告法官念草拟的文书，集体字斟句酌地审定判决书。审理民事特别上诉案件没有审限，目前平均审限为480天。

（二）申请再审

法国的再审（Revision）是当事人针对已经发生法律效力的判决，认为事实错误，而向原作出生效裁判的法院提出重新审理的申请。至于法律适用问题错误，只能特别上诉到最高法院，这是出于权威性的考虑。程序类错误也归为法律适用问题。

1. 申请再审的事由

申请再审的条件是出现新的事实和因素，主要是再审事由要件，包括：（1）如原判决作出后，发现该判决是由对其有利于的一方当事人欺诈所致；（2）如原判决作出后，发现由于一方当事人所为，一些具有决定性作用的文件、字据被扣留而未提出；（3）如发现判决系以其作出后经认定或经裁判宣告属于伪造的文件、字据为依据；（4）如发现判决系以其作出后经裁判宣告为伪证的假证明、假证言、假宣誓为依据。并且，上述情况，仅在提出申请再审人自己无过错，未能在原裁判决定产生既判力以前提出其援用的理由时，再审申请始予受理。

2. 申请再审期限

申请再审需于判决发生法律效力后2个月内提出，逾期未提出申请的，没有任何其他救济途径。

3. 申请再审的主体

当事人是提出申请再审的唯一主体,法院院长不能依职权提起再审,检察院不能抗诉启动再审。

4. 再审判决的效力

再审判决是终局的,此后便没有一般意义上的上诉,仅对法律适用可特别上诉至最高司法法院。再审是非常非常的例外,法国司法部对民事再审案件没有统计数据。

(三) 第三人异议

第三人异议,是原审裁判的案外人(第三人)为其本人的利益受损而请求撤销判决或请求改判。第三人仅能针对一、二审判决提出异议,不可对最高法院经特别上诉程序作出的裁判提出。可以提出异议的第三人不是原诉讼中的第三人,之前没有参加诉讼。而且第三人还应当排除在法律上有直接关系的人,如继承人、连带担保责任人。提出第三人异议申请的期限为30年,法律另有规定的除外。原则上,第三人异议受理后,不具有中止原裁判执行的效力,但是法官有自由裁量权决定是否签发中止裁定。处理结果有二:一是提出第三人异议失败,原判决没有改变;二是提出第三人异议成功,法院对原判决进行修正,该新判决仅对第三人有效,原判决仍对原审诉讼人有效。

二、德国的再审制度

作几句关于德意志联邦共和国司法体系的一般介绍,对于理解下面的再审制度是有必要的。德国的基本理念是分权制衡原则,在其基本法《德意志联邦共和国宪法》中,这一原则反映在两个方面:在平行层面上,区分立法权、行政权、司法权;在垂直层面上强调国家的权力在联邦政府(中央政府)和16个州(成员州)之间分权。这种联邦主义原则意味着政府工作由联邦政府和各州政府共同行使,当然司法权力也由联邦和州法院共同行使。德国的法院体系分为五个独立的分支,包括:一般审判权——负责所有民事和刑事纠纷的裁决;行政司法管辖权——负责所有公法纠纷;财政司法管辖权——负责涉及国内收入服务有关的税务评估合法性以及海关纠纷;劳工司法管辖权——负责基于劳动法的纠纷;社会司法管辖权——负责法律规定的社会保险事项诸如健康、事故、养老金和失业保险等特殊的纠纷。分别对应着五个最高法院：联邦法院（Bundesgerichtshof，民事和刑事的最高法院）、联邦行政法院、联邦财政法院、联邦劳工法院、联邦社会法院。德国对于一般民事和刑事纠纷，实行四级三审制，四级法院为初等法院、州法院、州高级法院以及联邦法院，目前初等法院有680家，州法院有116家，州高级法院有21家，联邦法院全国仅1家。初等法院和州法院分别负责案件争议标的5000欧元以下和以上的第一审，经初等法院一审的案件争议标的超过600欧元不服上诉的，一般到州法院的上诉法庭，州高级法院处理不服初等法院裁判的家庭纠纷和涉外案件上诉以及不服州法院裁判的上诉。第三审法院仅为德国联邦法院，该院有12个民事审判合议庭，每个合议庭有1名审判长和6名法官，共90名民事法官（有个合议庭案件多，法官多配）。在联邦法院代理的律师是一个特殊群体，共31名，在卡尔斯鲁厄（Karlsruhe，联邦法院所在地）有挂靠的律师事务所，其他律师无权代理或参与到联邦法院案件的口头辩论中。德国民事诉讼的诉讼费一般由原告或上诉人预交，败诉方最终承担，申请再审也如此。

在德国，狭义的法律救济包括二审（Berufung）和三审（Revision），再审属于法律帮助。二审（控告审）功能设计的基本思路是，经过二审后要作出事实认定和法律适用均正确的判决。为了避免联邦法院的案件压力过大，第二次上诉的提出（即提出三审）需满足三个条件：一是需经控告审法院许可；二是案件受理争议标的不低于20000欧元；三是根据诉讼法规定，当事人提出三审（上告审）需具有三种情形之一：案件具有基本意义，即对大众利益有重要影响；出于统一司法尺度的需要；法律发展的需要，如出现法律上的空白需要补充。若控告审法院裁定不予准许上诉，当事人可就该裁定上诉至联邦法院，联邦法院每年处理约三分之一这类不服裁定的上告。在向联邦法院提出上告的案件中，约70%得到受理的裁定，每年准予受理的上告案件总数为4000余件，其余案件裁定不予受理或予以驳回。

《德国民事诉讼法》于1877年颁布，最后一次修改是2001年，于2002年1月起施行，修改主要围绕二审程序进行。修改后，二审不再是重新全面审理，而仅对是否存在错误部分进行审判，旨在强化二审的功能。最近一次的修改没有涉及再审制度。对于确定的终局判决，当事人可以申请再审，再审制度规定在民事诉讼法第四篇。

1. 申请再审主体

在德国，只有当事人才能申请再审，案外人不能申请再审、院长不能依职权提起再审、检察院不能抗诉再审。

2. 再审事由

德国的再审之诉，基于程序和事实两类再审事由，分为取消之诉（《德国民事诉讼法》第579条）和回复原状之诉（《德国民事诉讼法》第580条）。程序类再审事由主要考虑的因素包括：审判组织的组成不合法；依法应当回避的法官没有回避；当事人未经合法代理。事实类再审事由主要考虑的因素包括：诉讼欺诈；判决所依据的证书是伪造的；证人证言及鉴定结论是虚假的；代理人有违法犯罪行为的；审理案件的法官有违法犯罪行为并被刑事追究的；据以判决的另一判决被撤销；有其他判决或者证书可能改变证据状况。

3. 申请再审期间

在判决发生法律效力后，当事人应当在知道再审事由存在之日起1个月的不变期间内提出，自知悉不服理由之日开始，判决确定之日已满5年的，不得提起再审之诉。

4. 再审程序的结构

再审分为三个阶段：当事人提交申请再审书状以及证据材料；法院对证据的证明力进行审查；法院进行新的审理并作出新的判决。

5. 再审案件管辖

关于再审案件的管辖，原则上专属于作出第一审判决的法院管辖，但是极少数再审之诉由州高级法院和联邦法院受理（《德国民事诉讼法》第584条）。

6. 德国专家分析再审案件少的原因

全德国每年的再审案件少于1000件。根据介绍，提出再审之诉极少的主要原因可以归纳为：一是正常审理的救济途径已经很健全；二是再审之诉提起的条件很严格，必须具备法定事由，否则原判决一直悬而未决，社会关系不稳定；三是提出再审之诉需要聘请律师花费很多时间收集证据，律师费用很贵，申请再审人会考虑诉讼成本太高问题。

三、评估与启示

对法、德有关制度考察很有必要，相较翻译成中文的"纸上的法律"，考察团对"实际运行中的法律"有了直观的了解,成为宝贵的第一手资料。

1. 法国和德国的再审制度基本属于"备而不用"。但是,在法国,向最高司法法院提出特别上诉是针对生效裁判2年内提出的,类似于我国法院处理的就"适用法律确有错误"申请再审的案件,每年审理约23000件;在德国,虽然每年的民事再审案件极少,但其三审(上告审)每年审理4000余件,解决了不少涉及法律基本问题和大众利益的案件。两国最高法院法律审的存在,对于化解社会矛盾起到很大作用。

2. 律师强制代理制度的存在,使得争议的事实和法律更加明晰,一、二审救济的有效性得到比较充分的发挥。因此,如何设置和发挥好正常审理程序解决纠纷的作用,是减少使用再审制度的基础前提。换言之,如果一、二审质量不高,那么再审程序的启用就应当宽严适度,否则难以消解当事人对一、二审裁判的公正性质疑。

3. 在审级设置上,后程序的行使限制越来越严格。德国的不服一审上诉,需要一定争议数额的限制,法国的提出特别上诉和德国的上告审上诉,均限于法律适用,而且还有出于统一司法尺度和法律发展的要件。再审案件的管辖一般在原审法院,再审程序仅在极少数法律列举的事由成立时才予以启动。各审级的设置均有其特定功能,起到过滤案件的作用。

4. 社会历史传统因素。法德两国民众的服从规则之制意识较强,规定不得提起上诉或特别上诉的,虽然存在抱怨或不满,但一般民众还是服从和接受的。

法德两国的相关制度在其国情下有着良好的调节社会矛盾功能,能否为我所用,关键看能否与我国的政治、经济、文化、传统相适应、相衔接,基本的着眼点在于解决法律纠纷的方法论。

(执笔人:孙祥壮)

考察德国匈牙利民事再审制度的报告[*]

根据我院外事局精心安排以及德国国际合作机构（GIZ）的帮助，以最高人民法院审判监督庭姜伟副庭长为团长的民事再审制度考察团一行五人，于 2012 年 8 月 22 日至 31 日对德国以及匈牙利民事再审制度予以考察。在德国期间，考察团以后与柏林洪堡大学交叉学科学院主任克里斯托弗·包鲁（Paulus）教授、德国联邦司法部外事办主任何南（Mathias Hellmann）先生和克里斯汀·麦尔赛（Christian Meyer – Seitz）博士进行了专业会谈。在匈牙利期间，考察团先后与匈牙利民主司法委员会主任穆斯科夫斯基（Gabor Muskovszky）博士、卡洛里·加斯帕大学（Karoli Gaspar University of the Reformed Church in Hungary）法学院院长彼得·安东洛兹（Peter Antaloczy）教授进行会谈。德方非常重视此次考察活动，赴德之前，德国国际合作机构向我们了解了需要考察的主要内容，并向考察团成员提供了《德国民事诉讼法》最新的中文译本。现将考察的主要内容报告如下。

一、德国的司法体系简况

（一）德国法院体系

德国是一个联邦制的国家。联邦制对于德国法院体系而言，就是司法权力由联邦和州法院共同行使。联邦除设立联邦宪法法院外，德国的法院体系分为五个独立的分支，即普通案件司法管辖权、行政司法管辖权、财政司法管辖权、劳工司法管辖权、社会司法管辖权，分别对应着五个最高法院：联邦法院（Bundesgerichtshof，民事和刑事的最高法院）、联邦行政

---

[*] 原载景汉朝主编：《审判监督指导》2013 年第 2 辑，人民法院出版社 2013 年版。

法院、联邦财政法院、联邦劳工法院、联邦社会法院。

(二) 四级三审制

对于一般民事和刑事纠纷，德国实行四级三审制，四级法院为地方（或初级）法院（600家）、州法院（110家）、州高级法院（25家）以及联邦法院（1家）。

初级（地方）法院和州法院都可以审理一审案件，划分二者管辖权的主要依据是标的额。标的额在5000欧元以下的案件由初级（地方）法院作为一审法院，其中标的额大于600欧元的案件可以上诉至州法院（上诉率30%），标的额在600欧元以下的案件由初级（地方）法院一审终审，不得上诉。据介绍，欧盟建议小额诉讼的标准为2000欧元，德国定为600欧元，算是低的。标的额在5000欧元以上的案件由州法院一审，可以上诉至州高等法院（上诉率60%）。标的额在5000欧元以下600欧元以上的案件二审终审。标的额在5000欧元以上的案件在满足法定条件时，可以向联邦最高法院提起第三审上诉。第二审上诉时既可提出事实审又可提出法律审，第三审上诉仅为法律审上诉。上诉时，当事人可请求听证，但需举证说明原审认定事实错在哪里，因而当事人为了不使上诉很快被驳回，需做大量举证和说明工作。上诉法院对于当事人的上诉有多种可能性的处理方法，由于德国上诉费用是分段收取的，故对约有30%的案件，法院作出风险提示，告知上诉不可能成功。上诉人此时撤回上诉，可以拿回部分上诉费用，若坚持上诉的，很可能被驳回。只有在上诉法院认为上诉胜诉存在可能性的情况下，才开庭审理。

只有在二审判决中说明允许上告的案件，才可以提出上告审。提出上告审的，还需满足案件有重大法律意义、法官判理与联邦法院先例有差异等理由，以及争议标的额超过2万欧元的要件。根据2002年修改民事诉讼法中规定，第三审法院仅为德国联邦法院，审理具有法律意义的案件，该院有12个民事审判合议庭，共100名民事法官。在德国第三审不审事实问题，仅审理法律适用是否正确或者程序是否违法。德国专家解释，上述区分事实审与法律审的审级功能是教科上说的，但在实践中，有的事实与法律问题区分开来也是挺难的。

二、德国联邦司法部的立法职能

德国联邦司法部在立法中扮演重要角色。一是负责司法部主持的法律议案的起草工作,包括传统的民法、刑法以及程序法、商法、专利法、版权法等。以民事诉讼法修改为例,如果各方反映需要修改的,由司法部从事民诉法的专家先作个草案,提交部长决定。部长准许后,下发给各州以及相关利益集团征求意见。这些部门应在一定时间内反馈意见,如果需要改变方案,须报经部长同意。此后,需将征求好意见的草案提交至内阁。立法草案可以由议会或参议院(州长联席会议)代表联邦政府做,但多数是司法部代表联邦政府做。联邦政府通过后,司法部的法律起草专家还要回答州长联席会议的质问,并作出表态书决定提交联邦议会。议会虽然是通过法律的地方,但他们也有专门的法律专家委员会,决定是否对草案作出微调。

二是司法部对于其他部门作出的法律草案进行审核,审核重点是看草案是否违宪或违反欧盟法。不管哪个部委拟定的草案,均须经司法部审核后,才能进一步被提交。司法部有260名司法专业人员,其中90名来自各个州借用三年的法官与检察官,三年后回原地工作。这种做法带来了最实际的经验,回到原单位后也带去了法律是如何形成的直观认识。

三、德国的民事再审制度

(一)再审程序极少使用

从《德国民事诉讼法》第578条开始的再审程序,是极少使用的程序,平均每年仅几个这样的案件。这里,可以看到三审制受公众的接受程度,绝大多数案件在控诉以及上告审中已经为当事人接受,反映出了很强的社会安定性。

(二)启动再审的两类事由

民事再审程序只有在很重要的事由出现时,才动用一下。《德国民事诉讼法》中规定有两类事由出现时可以再审,一是无效之诉(第579条),一是回复原状之诉(第580条)。在《德国民事诉讼法》施行的125年历史中,回复原状之诉均没有被改动过,包括这个词也是老的。再审事由的设置上与上告审的事由有一些是重叠的,比如,合议庭组成人员不合法,既是三审事由,又是再审事由。

(三) 无效之诉事由

无效之诉需要重大程序违法为要件,前提是这些再审事由在正常的一、二、三审中均无法提出。如"应当回避未回避的",若法官是当事人的亲戚,已经决定回避还继续审理该案的,便属于此情形;如当事人为未成年人的,需要合法代理但缺乏合法代理的。由于以第579条事由提出再审需要多项要件,故目前该条中的事由在民事诉讼实践中基本无意义。

(四) 回复原状之诉事由

第580条中的回复原状之诉事由在司法实践中有一些意义,主要是一些事实上的冲突,需要修改原判决的事实认定。其一是"在作判决所依据的证言或鉴定时,证人或鉴定人犯有违反真实义务的违法行为",证人作伪证,被判刑的,鉴定人发生同样情形的,也是如此;其二是"判决所基于的文书是伪造或篡改的",即出现假证书;其三是"判决由当事人的代理人,或由对方当事人或由其代理人通过犯有与诉讼有关的罪行而造成的";其四是法官违法被处理,这种情形极少极少。

利用回复原状之诉事由启动再审门槛高的原因还在于,第581条规定上述事由需要刑事判决生效后才启动民事案件再审。目前常见的三个原因为:一是原审中未找到的证书申请再审时找到新证书,此时需弄清楚当时未及时提供证据的原因,需要合理的理由;二是民事判决依据刑事判决而作出,刑事判决被推翻,导致民事判决根基动摇;三是2006年修改民事诉讼法时引入的欧盟因素,此内容根据欧盟人权法院的要求加入。欧盟人权法院由于不能直接取消德国民事判决,故需加在民事诉讼法的再审程序之中。

(五) 申请再审期限

申请再审期限自知道或者应当知道之日起一个月内提出,五年之后即使出现再审事由的,不得申请再审,欧盟人权法院的不受此限。

(六) 申请再审管辖法院

在德国,申请再审的管辖法院为作出生效判决的法院。当被问到"向原审法院要求再审,案件能改吗"时,德国专家介绍,在德国行政体系中,也认为一般找其上级复议将更为有效,但是在司法上未作同样规定。

(七) 再审审理程序

如果启动再审的话,准用原审程序。检察机关无权提出针对生效民事判决的抗诉。对于是否需要独立的再审审理程序,德国专家认为,一是德国近几年并没有再审案件的具体统计数据,说明成功的再审案例极少;二是在诉讼法层面上准用原审程序的规定已经基本可以,再审无太多的特殊性。

(八) 再审少的文化因素

民事再审在德国发挥的作用极小,可能与基督教文化有关。德国的三审制是一种文化现象,人们提到"三"的时候,在基督教文化中或多或少有很神圣的东西,认为已经很完善,意味着圆满结束了。民事诉讼的目的在于最终解决争议,如果第三审法院作出的裁判,那就应该结束了。故在此文化背景下,再审程序使用的非常之少。

四、匈牙利的司法体系

根据1989年10月23日修改施行的宪法规定,匈牙利属于议会民主制国家。匈牙利法律体系是以德国-奥地利为蓝本,有着成文法传统的民事、刑事法律制度。该国法律体系接纳国际法公认的规则和法律,并在国际法的框架下使国际通用规则变成国内成文法。

根据1949年匈牙利宪法第20条以及1997年法院组织法的规定,该国由最高法院(1家)、地区上诉法院(5家)、州法院(19家以及布达佩斯市法院)以及地方法院(105家以及布达佩斯6家)四级法院组成。地方法院作为一审法院处理大多数案件,以便利当事人诉讼为原则。不服地方法院裁判的,可上诉至州法院,州法院的主要职能是处理上诉案件。如争议超过1000万福林(约4万美元)以及可能判处无期徒刑的刑事案件,州法院作为一审法院,不服该判决的可上诉至地区上诉法院。地方法院以及州法院管辖权区域从其行政区划。地区上诉法院审理上诉案件,大大地减轻了最高法院的案件负担,其另一项职能是筛选出可以向最高法院提出救济的案件。基于此,最高法院能够腾出身来,专注于统一法律适用尺度功能的发挥,以及对生效裁判特殊救济的再审。在新的法律通过后,最高法院需根据司法实际情况制定相关的司法解释,下发给地方各级法院执行,以防止对某一法律理解不一造成司法错误。

据介绍,近来匈牙利司法机关的独立性受到右翼执政党的威胁,其中一些动议并不符合欧盟厘定成员国司法最低标准的威尼斯协定的要求。严峻的事实是,现在政府规定62岁的法官必须退休,而提早退休并不符合法官退休年龄的规律;有的政府高级官员甚至可以要求将某一案件指定到某个法院或某个法官办理,这不符合司法独立精神;有的法律如税法增加了不合理的追溯时效,违反法治的基本原则。

五、匈牙利的民事再审制度

匈牙利的民事再审制度明显带有苏联的烙印。申请再审以及再审案件的处理,主要集中于匈牙利最高法院。根据法律的规定,对不服州法院、地区上诉法院作出的生效裁判,当事人可以向坐落于布达佩斯的最高法院提出再审申请。再审的定位为特殊救济途径。据介绍,检察机关在刑事案件中具有较为广阔的施展领域,对于民事案件仅参与一些特殊的案件中。检察机关可以参与监护权、损害社会公共利益的一、二审案件,还有就是不代表任何一方当事人而提出再审。再审不是继续审理案件,而是重新审理案件,申请再审的当事人一般需要向上级法院提出新的证据和新的理由。

六、对考察的几点感想

(一) 行政对于立法和司法的影响

德国和匈牙利均不同程度的存在。在德国,行政对于立法和司法的影响表现得非常理性,主要体现在立法审议的过程之中。在匈牙利,由于历史传统和经济发展水平,行政对于立法和司法的影响表现得很直接,甚至是直接干预。

(二) 德国民事再审程序基本属于"备而不用"

作为抽象思维的故乡,德国在民事诉讼法的顶层设计时,其指导哲学上表现为理性,在具体制度上表现为精密。德国民事再审制度并不发达,甚至在公布后125年基本没有修改,重要一点在于该国民事诉讼法有完备的一审、二审和三审等常规程序。基本待严密的常规程序过滤和筛选之后,纠纷已经解决,错案已经寥寥无几。

(三)匈牙利民事再审制度有着明显的苏联痕迹

在绝对"崇德"的匈牙利,民事检察监督依然存在于民事诉讼中。最高法院在制定规则和统一司法裁判尺度的同时,还承担着再审的职能。从最高法院承担再审职能的角度看,该国一、二审程序或者配套机制中有不完备因素。

德国的相关制度在其国情下有着良好的调节社会矛盾功能,相比之下,匈牙利的相关制度就没有那么顺畅。由上观之,一国的法律制度设计需要符合本国的国情和历史发展阶段,着眼于解决本国的现实问题。我国民事再审制度的设计和安排,如何借鉴法制发达国家的经验以及避免其他国家的不足,关键看能否与我国的政治、经济、文化、传统相适应、相衔接,基本点应在于解决法律纠纷的方法论。

(执笔人:孙祥壮)

"民事诉讼程序与再审制度"专题团赴德国考察总结报告

2012年5月6日至5月13日,最高人民法院立案二庭庭长郑学林率团一行六人赴德国,就德国的诉讼程序与再审制度进行了为期六天的考察访问。在德国期间,考察团先后考察访问了柏林州高等法院、柏林州法院、洪堡大学VIADRINA管理学院、德国法官协会、德国联邦司法部、汉堡州高等法院、什未林梅克伦堡-前波莫瑞州法院、德国律师协会、柏林州司法部,听取了关于德国民事审判程序和法律救济制度、德国民事诉讼中的审级与再审程序、德国民事审判实践中的调解制度、德国民事诉讼中开庭审理的必要性、民事诉讼证据制度等问题的介绍,并就相关问题进行了座谈和交流。考察团还参加了德国工商大会、德国律师协会等组织的"法律-德国制造"活动,亲身感受了德国经济界、法律界对于德国法律在世界上地位和影响的观点争论,颇受启发。考察中,郑学林庭长也对中国的民事诉讼、调解和再审制度等进行了介绍。

德方对此次考察非常重视,周密安排行程,并为考察团成员专门准备了德国联邦司法部最新翻译的《德国民事诉讼法》中文译本和《德国司法制度》,使考察团成员在访问之前就对德国的诉讼程序有了基本了解,使交流更为深入,保证了考察效果。此次考察,虽然时间短暂,但经过我们和德国接待方的努力,较为全面地了解了德国民事诉讼程序和再审制度的现状、存在的问题和发展趋势,并对德国司法实务情况有了直观的感受和了解,考察内容丰富、主题鲜明、收获很大,达到了预期效果。现将考察情况总结汇报如下:

一、德国法院组织和民事诉讼程序中对判决救济形式概述

(一) 德国法院组织和审级划分概况

德国法院实行联邦制(在联邦和各州分别设立法院)和多元诉讼管辖体系,并对法院系统进行了职能上的分工界定。在联邦层面,联邦除设立联邦宪法法院外,分别为普通(即民事、刑事)诉讼管辖、行政诉讼管辖、财税诉讼管辖、劳动诉讼管辖和社会诉讼管辖,设置作为最高法院的联邦最高法院、联邦行政法院、联邦财税法院、联邦劳动法院和联邦社会法院。此外,联邦还为工业产权事务设立一个联邦专利法院,武装部队设立军事刑事法院作为联邦法院。

德国普通法院系统由初级(地方)法院、州法院、州高等法院和联邦最高法院四级组成。初级(地方)法院和州法院都可以审理一审案件,划分二者管辖权的主要依据是标的额。标的额在5000欧元以下的案件由初级(地方)法院作为一审法院,其中标的额大于600欧元的案件可以上诉至州法院,标的额在600欧元以下的案件由初级(地方)法院一审终审,不得上诉。[①] 标的额在5000欧元以上的案件由州法院一审,可以上诉至州高等法院。标的额在5000欧元以下600欧元以上的案件二审终审。标的额在5000欧元以上的案件在满足法定条件时,可以向联邦最高法院提起第三审上诉。第二审上诉为事实审上诉,第三审上诉为法律审上诉。

(二) 对于判决不服的救济形式

德国民事诉讼法赋予当事人不服判决、裁定的救济形式主要有:

1. 上诉

德国民事诉讼中的上诉包括对一审判决的二审上诉(控诉),对二审判决的三审上诉(上告),对裁定和命令的上诉(抗告),分别从标的额和是否具有原则意义方面设置了明确的条件。近年来德国立法的主要修改集中在上诉制度方面,特别是修改上诉条件和二审审理程序,上诉制度立法改革的一个基本原则是根据争议的重大程度设置不同的审级制度和上诉审

[①] 特殊情况下案件有重大意义时,一审法院会允许上诉。一审法院允许上诉的条件是《德国民事诉讼法》第511条第4款规定的,涉及原则意义或者司法统一的问题。司法实践中能够满足这个条件的案件很少。

理程序，兼顾维护诉讼公正和提高诉讼效益。（详见本报告第二部分）

2. 申请对判决事实构成进行更正

一审法院判决书送达两周内，如果当事人认为判决确认的事实构成有错误、遗漏、不明或者矛盾之处，可以依据《德国民事诉讼法》第320条申请对判决事实构成予以更正。判决的可更正性给一审法官增加压力，要求一审法院对证据事实更为确信才能下判。这种更正权利并非上诉，而是立法赋予当事人要求一审法院自检的权利。对于更正申请，由原审法官进行裁判。对于判决事实构成项宣布更正的裁定，不导致判决的其他部分发生变动。申请对判决事实构成进行更正的期限为判决送达后二周，从而使当事人在一个月的上诉期限届满之前有两周时间先考虑一下事实的正确性，决定是否向一审法官提出异议。①

3. 补充判决

《德国民事诉讼法》第321条规定了判决的补充。申请补充判决的条件是，当事人一方的主请求或附属请求全部或部分被遗漏，或在终局裁判中遗漏了诉讼费用判项。在此情形下，当事人可以在判决送达之日起两周内书面申请，并在就遗漏部分进行言词辩论后作出追加裁判。据柏林高等法院法官介绍，本条规定的补充判决所解决的问题通常是边缘问题，如债务的利息问题，补充判决内容并不导致对整个判决的实质性改变。

4. 违反法定听审请求权的救济

《德国民事诉讼法》第321a条规定了违反法定听审请求权的救济。这种救济形式是二审上诉和三审上诉都穷尽情况下的救济途径，适用于法院侵犯了当事人的与裁判关系重大的法定听审请求权的情况，且该当事人被终局裁判加重了责任。当事人应在知道法定听审请求权被侵犯之后的两周不变期间内，书面向作出终局裁判的法院提起这种责问。例如，一审由地方法院审理，二审上诉被州法院驳回，这种情况下可以法定听审请求权受侵害为由向州法院（上诉途径穷尽的情况下）提出责问。侵犯法定听审请求权成立的，诉讼程序将回复到言词辩论终结前的程序状态。

5. 再审

再审与前面的法律救济途径的差别在于，前面那些是在判决生效之前

---

① 这里所规定的判决事实构成有错误、遗漏、不明或者矛盾，不包括判决书中的笔误、计算错误以及类似明显错误，该类错误可以由法院依职权随时裁定更正，类似于我国民事诉讼法上的补正裁定。

的救济途径。如果判决已经生效，只能通过启动再审程序得到救济。德国司法界更倾向于维护法律的稳定性，民事诉讼法已经尽可能地赋予当事人在判决生效前寻求救济的可能性，如果救济途径已经穷尽，判决已生效，则到此为止，不能再行争议，因此，再审的门槛设置得很窄。立法者和司法实务界一致认为其他程序内救济形式完全能够满足权利救济的需要，虽然法律规定了再审程序，但属于备而不用的程序制度。（详见本报告第三部分）

二、德国民事诉讼中的上诉制度

德国联邦司法部迈耶－塞茨先生、柏林州高等法院法官顺贝尔格女士、什末林梅克伦堡－前波莫瑞州法院院长伯尔曼先生分别从不同角度介绍了德国民事诉讼中的上诉制度。

德国民事诉讼采用三审终审制，因此其"上诉"的概念不仅包括"第二审上诉"，还包括"第三审上诉"。前者针对初级（地方）法院或州法院作出的一审判决提出，在我国学术界及相关译著中通常被称为"控诉程序"；后者针对州法院或州高等法院作出的二审判决提出，通常被称为"上告程序"。除了针对判决提出的上诉，德国法律将针对法院的裁定与命令提起的上诉单独作了规定，称之为"抗告程序"。考察团重点了解了控诉程序和上告程序。

（一）第二审上诉程序（控诉程序）

1. 提出第二审上诉的条件

第二审上诉必须满足一定条件。首先是标的额的限制。只有涉诉标的超过600欧元，才可以提起二审上诉，600欧元以下的案件原则上一审终审。尽管法律对这一标的额限制补充了例外条款，规定虽然标的额未达到600欧元，但本身具有典型性、对推动法律修改和保障司法统一具有原则性意义的案件，可由一审法院在判决中专门标明准许提出二审上诉，但实践中，符合该条件的案件可谓少之又少。其次是期间的限制。上诉要在一审判决书送达后的一个月内提出（且不得超过判决宣告后五个月），随后的一个月内则必须说明上诉理由。再次是律师代理的限制。在德国，由州及以上法院审理的案件，均适用律师强制代理。而上诉案件，最低都要由州一级法院审理，这意味着所有上诉案件必须聘请律师。

2. 二审法院对于明显没有胜诉可能性的上诉案件可不开庭裁定驳回

即使符合了以上上诉条件,案件被上一级法院受理,根据2002年修改的《德国民事诉讼法》第522条第2款,上诉审法院仍然要先进行胜诉可能性的审查。如果承办合议庭一致认为该上诉显然无法胜诉,案件也没有原则性意义,且没有开庭审理的必要,则会向上诉人作出书面释明,告知其胜诉可能性很小,可以进一步补充证据。若上诉人没有补充证据或经补充后仍没有足以推翻原判决的新理由,合议庭会直接裁定驳回上诉而不再继续审理。但该裁定需要说明驳回理由,不能简单地不说理由而驳回。在此期间,法院并不必须通知被上诉人和送达上诉状。如果合议庭经书面的初步审查无法确定上诉人能否胜诉,才会确定开庭时间,并将相关情况通知被上诉人。①

3. 对二审提出新证据的限制

从传统意义讲,二审上诉为事实审上诉,既审理事实问题,也审理法律问题,但近年来,德国民事诉讼对此进行了调整和修改,使之更趋向于法律审——在二审程序中,依然对法律部分进行全面审查,但对事实部分仅进行有限审查,只有在特定条件下,当事人才被允许在二审阶段提出新的事实和证据:一是确实存在一审中未经质证和认定的全新事实,二是该事实在一审中未提出并非出于当事人的过失和疏忽,而是由于一审程序瑕疵,或当事人提出了,但被一审法院明显忽视或认为不重要。两个条件必须同时满足。这就迫使当事人不得不在一审阶段呈交掌握的全部事实和证据,而不能故意有所保留,以图二审阶段突袭翻案。

4. 二审案件审理情况

鉴于上述关于上诉条件、适法性前置审查程序、审理范围等种种严苛限制,在德国,成功上诉的比例并不高。据德国联邦司法部迈耶-塞茨先生介绍,2011年,全德受理二审上诉案件115000件,其中州法院受理60000件,州高等法院受理55000件。从上诉率看,初级(地方)法院作为一审法院作出的可上诉判决有35%的当事人提出上诉;州法院作为一审

---

① 关于该款的立法修改,在本次考察中,法官和立法机关的观点有一定的对立。柏林州法院的法官认为,这种不经开庭审理裁定驳回上诉的做法,更多的是出于财政方面的考虑,为了节约司法资源,该条立法修改后,全德大约削减了600名法官职位。立法机关则认为,虽然法律允许此种不经开庭审理而以无胜诉可能为由裁定驳回的做法,但由于法官需向当事人释明并要求在裁定书中详细说明理由,并未损害当事人的诉讼权利。

法院作出的可上诉判决有60%的当事人提出上诉。上诉案件中,约26%以判决结案,17%调解,30%撤回上诉,15%裁定驳回。尽管上诉率相当可观,但只有约25%的案件被改判或调解,从而改变了一审判决结果。[①] 此外,2002年立法修改还限制了发回重审,认为上诉法院应当自己作出判决,规定在一审判决有法律规定的瑕疵时,还需依据一方当事人申请才能发回重审。(第538条)

(二) 第三审上诉（上告程序）

1. 提出第三审上诉的条件

与第二审上诉相比,提出第三审上诉的条件更为严格。首先是对标的额的要求:只有涉诉标的超过5000欧元,才可以提起三审上诉,5000欧元以下的案件原则上二审终审。其次是形式要件的要求:只有两种情况下,当事人才可以提起三审上诉,一种是二审法院在判决书中注明了本案允许三审上诉,此时三审法院受二审法院所作准许的拘束;另一种是二审法院不允许上诉的,当事人向三审法院提出不服不许上诉的抗告,若三审法院经审查裁定准许上诉,则自行受理上诉请求。值得注意的是,后一种情况下,对标的额也有进一步的要求——只有涉诉标的额超过2万欧元,三审法院才会进行上诉必要性的审查,标的额低于2万欧元的,直接驳回当事人抗告。立法机关出于对适应经济发展的考虑,并未将2万欧元的标的额限制明文列入2002年修改的《德国民事诉讼法》,而是写入了相关并行法。再次是法院审查标准的要求:无论二审法院还是三审法院,在进行是否准许三审上诉的审查时,都必须符合两个标准之一,一是认为案件具有原则性意义,二是为了推动法律修改和保障司法统一,有必要由三审法院作出裁判。第四是提出期限的要求:三审上诉期间与二审上诉相同,要在二审判决书送达的一个月内提出（且不得超过判决宣告后五个月）,但说明上诉理由的期间较之二审上诉要长一些,是在随后的两个月内。第五

[①] 为进一步核实该数据,我们回来后通过电子邮件向迈耶-塞茨先生核实,其回复如下:"以2010年民事审判的数据进行说明:州法院受理的二审上诉案件中30%以判决结案。判决案件中56.8%的胜诉率——撤销或者改判。因此二审胜诉率狭义上为16.8%。受理二审案件的11.9%成功调解,这意味着上诉人也获得了一定的成功,因此广义上的胜诉率是28.7%。州高等法院（标的5000欧元以上的上诉案件）的数据如下：26.1%判决结案,判决案件中57.5%的胜诉率,狭义的胜诉率15%,成功调解率17.6%,广义上的胜诉为32.6%,如此看来,1/3的上诉人都能在法律上或者至少在经济方面取得胜利。"

是代理制度的要求：三审上诉案件不仅需要律师强制代理，而且只能由有资格专门代理三审上诉案件的资深律师代理。目前，全德具有在联邦最高法院代理三审上诉案件资格的律师只有41位。

2. 第三审审理范围和程序

不论哪级法院作出的二审判决，三审上诉都必须向联邦最高法院提出，由联邦最高法院审理。同时，与二审上诉相比，三审上诉是更严格意义上的法律审上诉，只能基于原审查明的事实，对法律问题进行审查。进入三审程序后，律师要充分说明提出三审上诉的理由，指出程序瑕疵、法律适用等方面的错误。法庭也将对二审判决是否存在《德国民事诉讼法》第547条规定的情形进行审查。根据该条规定，在法庭组成不合法、不得行使法官职务的人参与了裁判、违反回避规定、违反代理规定、言辞辩论违反程序公开的规定、未说明裁判理由等六种情形下，裁判将被视为绝对违法。在随后的开庭审理环节，代理律师和法官将就案件涉及的法律问题交换更为详细的意见。由于在庭审中法官会同步释明自己就某一法律问题的观点，因此在审理即将结束、尚未宣判前，双方当事人就已经基本可以推测出判决结果。面临败诉风险的上诉人往往会在此时提出撤回上诉的申请，以免一旦宣判会确定一些对其不利的原则问题。联邦司法部表示，民事诉讼法的下一步修改将考虑对这种在"最后一分钟"撤回上诉的行为予以限制，规定开庭后撤回上诉必须经过被上诉人许可，被上诉人不许撤回上诉的，法庭应当作出判决。

2011年，德国联邦最高法院受理了829件三审上诉案件，此外还受理了2300件不许上诉的抗告案件。然而这2300件案件只占所有不许上诉的二审案件的30%，因为三审上诉的诉讼费和律师代理费都非常昂贵，不少当事人即便认为案件应当被准许上诉，也还是出于成本考虑放弃了抗告。

三、德国民事诉讼中的再审制度

（一）德国再审制度立法理念及实务运行情况

《德国民事诉讼法》第四编规定了再审程序。据联邦司法部负责民事诉讼法修改的迈耶－塞茨先生介绍，《德国民事诉讼法》第578条后关于再审的规定，自1869年法律诞生之日就基本没有修改过，从理论角度解释，德国立法者对于民事再审制度的价值取向是在公平公正和法律稳定中,选择了维护法律的稳定性。民事案件中的再审天平倾向了保持法律稳定,刑事案件中的再审天平则偏向了公平公正,没有五年最长期间的限制。德国人对于这一模式很满意,因为法律稳定只有通过维护判决效力才能体现,诉讼不能无休止地进行下去。

在德国司法实践中,再审制度的运行不存在任何问题,由于再审案件数量非常少,司法部对于此类案件甚至没有进行过数据统计。柏林州高等法院法官顺贝尔格女士介绍,在德国,再审程序是个备而不用的诉讼程序,在其十六年的州高等法院法官职业生涯中,从未遇到过再审案件。

(二)再审之诉的种类

根据《德国民事诉讼法》第四编的规定,再审之诉有无效之诉和回复原状之诉两种诉讼形式。当事人同时提起无效之诉和回复原状之诉的,先审查无效之诉,在无效之诉作出裁判前,中止对回复原状之诉的审理。

无效之诉主要针对程序问题,主要是法官、合议庭组成和代理方面的问题,如未成年人没有代理人代理而参加诉讼。具有这些情形的,诉讼整体归于无效,诉讼程序要推倒重来。据柏林高等法院法官介绍,无效之诉所规定的情形在实践中几乎没有实际意义,因为法院一般不会犯这种错误。

相对而言,《德国民事诉讼法》第580条规定的回复原状之诉的意义要重大一些,回复原状之诉主要针对民事诉讼中实施的一些涉及刑事犯罪的行为,如果能证明实施了这些行为,则民事诉讼就应回复原状,即回复到这些行为实施之前的诉讼状态,其他诉讼行为的效力不受影响。

(三)再审事由

《德国民事诉讼法》详细列举了无效之诉和回复原状之诉的事由,并明确规定了如果当事人可以在诉讼程序中通过上诉、异议等方式主张而未提出的,则不允许再行提出,即立法明文规定了再审的补充性原则。

1. 无效之诉的事由和要件

提起无效之诉的事由包括:(1)判决的法院未曾按规定组成;(2)依法不得行使法官职务的法官参与了裁判,但以回避申请或以上诉而主张的回避未得准许的除外;(3)尽管法官因有偏颇之虞而被申请回避,且回避申请被宣告有理由的,但该法官仍参与了裁判;(4)当事人一方在诉讼中未依法律规定被代理,但当事人明示或默示地允许诉讼实施的除外。第1项和第3项的情形,如当时可以通过上诉而主张原裁判无效的,不能提起无效之诉。

2. 回复原状之诉的事由和要件

提起回复原状之诉的事由包括:(1)对方当事人宣誓作证,判决即以其证言为基础,而该当事人关于此项证言犯有故意或过失违反宣誓义务的罪行;(2)作为判决基础的证书是伪造或变造的;(3)在作判决所基于的证言或鉴定时,证人或鉴定人犯有违反真实义务的罪行;(4)当事人的代理人或对方当事人或其代理人犯有与诉讼事件有关的罪行,而判决是基于这种行为作出的;(5)参与判决的法官犯有与诉讼事件相关的、不利于当事人的违反其职务义务的罪行;(6)判决是以某一普通法院、或原特别法院或某一行政法院的判决为基础,而这些判决已由另一有既判力的判决所撤销;(7)当事人发现以前就同一事件所作的有既判力的判决,或者发现或能使用另一种证书,这种判决和证书可以使自己得到有利的裁判;(8)欧洲人权法院确认了(德国法中的规定)违反了《欧洲保护人权与基本自由公约》或其议定书,而(回复原状之诉针对的)判决是基于这一法律规定作出的。

根据上述事由中的第1项至第5项提出的回复原状之诉,必须满足刑事应罚性要件才能提出,即这些刑事犯罪必须有刑事法庭作出的有罪判决,或者因证据不足之外的原因不能作出有罪判决的情况。

提出回复原状之诉亦须满足补充性要件,即只有当事人非因自身过失而不能在之前的诉讼程序中,特别是不能通过异议或者控诉(二审上诉)或附带控诉主张回复原状的理由时,才准许提起。

(四)再审之诉的管辖

《德国民事诉讼法》第584条规定,对再审之诉专属管辖的法院是:作出第一审判决的法院;被声明不服的判决或数个被声明不服的判决中的一个,是由控诉(二审)法院作出,或对上告审(第三审)作出的判决根据第580条第1项至第3项、第6项、第7项声明不服时,由该控诉审法院管辖;上告审作出的判决根据第579条、第580条第4项与第5项声明不服时,由该上告审法院管辖。对执行命令提起再审之诉时,由对该案件的裁判有管辖权的法院管辖。据此,德国立法关于再审之诉管辖的规定有以下特点：

1. 基于再审之诉与原审诉讼的紧密关联，规定再审之诉由作出声明不服的裁判的法院专属管辖；

2. 为避免上下级法院同时审理针对一个案件裁判的再审之诉发生裁判矛盾，如果同一案件经第二审法院作出了判决，则当事人只能向第二审法院提出再审之诉，分别提出的，由第二审法院合并管辖再审之诉；

3. 在第三审法院作出判决的情形下，当事人如果依据关于第二审判决中事实和证据的再审事由提出再审之诉，则由第二审法院管辖；如果是针对第三审判决中的法律适用、无效之诉事由或者其他特殊事由提出再审之诉，则由第三审法院管辖。实务中，大多数再审之诉是由二审法院管辖。

（五）提起再审之诉的期间

关于提起再审之诉的期间，《德国民事诉讼法》第586条规定："（一）再审之诉应在1个月的不变期间内提起。（二）此期间自当事人知悉不服理由之日开始，但在判决确定前，不得起算。自判决确定之日已满5年的，不得提起再审之诉。（三）前款的规定，不适用于因代理的欠缺而提起的无效之诉。此时，提起诉讼的期间，自判决送达给当事人之日开始，或者在当事人无诉讼能力时，自送达给他的法定代理人之日开始。"据此，德国关于再审期间的规定体现了如下特点：

1. 规定较短的提起再审之诉的期间，同时规定不得提起再审之诉的最长期间；

2. 提起再审之诉的期间自当事人知道再审理由时起算，不得提起再审之诉的最长期间，自判决生效时起算；

3. 因欠缺代理权提起再审之诉的，不受五年最长再审之诉期间的限制，从判决送达给当事人或者其法定代理人起算。

（六）再审之诉的审理

1. 再审之诉的提起

提起再审之诉应当提交诉状，并写明所不服的判决以及提起的是无效之诉还是回复原状之诉。诉状应当具备的内容有：（1）当事人及其法定代理人。（2）声明不服的理由。诉状应当载明提出再审之诉所依据的理由，即再审事由。（3）关于再审理由及遵守不变期间的证据。（4）声明不服的判决及如何撤销或者变更原裁判作出再审判决的请求。

除提交再审诉状外，还应当提交相关的证据或者材料，包括声明不服的裁判的文本，提起诉讼所依据的证据、证书、裁判的文本，《德国民事诉讼法》第588条第2款规定，提起回复原状之诉时，应将起诉所依据的证书的原本或缮本附于书状之中。证书不在原告手中时，原告应说明，为取得证书，他要提出如何的申请。

2. 再审之诉是否合法的审查

法院应依职权对再审之诉是否符合形式要件进行审查，主要包括再审之诉本身是否允许提出，提起再审之诉的形式是否合法，是否遵守了法定期间等。如果再审之诉符合上述要件，则发生诉讼系属的效力，法院应对再审之诉进行审理并作出裁判。如果不符合上述要求且不能补正的，则为再审之诉不合法，裁定驳回再审之诉。

3. 再审之诉的裁判和上诉

再审之诉的审理和辩论可以分为两个阶段：第一阶段是就再审之诉是否合法，再审事由是否成立进行辩论并作出裁判。第二阶段是在再审事由涉及的范围内组织当事人就本案进行新的辩论和裁判。对于再审之诉作出的裁判，若审理再审之诉的是第一审法院，允许按照第一审程序的规定决定是否允许上诉；若审理再审之诉的是第二审法院，允许按照第二审程序的规定决定是否允许上诉。

四、德国民事诉讼中的案外人救济制度

就考察团非常关注的生效裁判损害案外人权益的救济问题，柏林州高等法院法官顺贝尔格女士和联邦司法部迈耶-塞茨先生从不同角度进行了阐释。

在德国，不允许因为案外人的异议而影响生效裁判的既判力，在判决生效前，案外人可以依据《德国民事诉讼法》第66条通过辅助参加保护自身权益，在判决生效后，案外人可以因其在执行标的物上有阻止让与的权利而针对强制执行提出异议之诉。《德国民事诉讼法》第八编第771条规定了第三人异议之诉制度，第三人主张在强制执行的标的物上有阻止让与的权利时，可以向实施强制执行的地区的法院提起针对强制执行的异议之诉，该异议之诉对债权人和债务人提起时，以该双方为共同被告。在第三人提出执行异议之诉情况下，法院作出的裁判是停止强制执行或撤销已

实施的执行处分行为,影响的是判决的执行,而不是判决的效力。① 执行异议之诉不是再审,被执行的生效裁判没有被触及,只是触及裁判的后果。执行异议之诉,也是在保护法律的稳定性,不让当事人或案外人轻易触动生效判决稳定性。

为进一步说明这个问题,顺贝尔格法官举了这样一个例子:如 A 和 B 就一辆汽车发生争议,法院判决 B 把车返还给 A,C 声称这辆车是他的财产。这个 C 的介入不能改变 A 和 B 之间已经审判确定的权利义务关系。C 可以先提出第三人异议之诉,阻止判决执行,不让 A 卖给第四人。C 再另行起诉 A。C 也可以基于损害赔偿之诉起诉 B。不管 C 做什么,他不能触动 A 和 B 之间判决的稳定性。因为法官不可能知道还有潜在的权利人,只能在当事人之间判断权利义务归属。C 的出现不能触动 A 和 B 之间判决的稳定性,C 必须提起其介入的诉讼,取得一个针对其诉请的裁判来保护其自身利益。

五、德国民事诉讼中的调解制度

柏林州法院的莫尔特曼法官、洪堡大学 VIADRINA 管理学院的布莱登巴赫教授、德国律师协会的马尔克斯律师分别从法官调解、独立调解人调解和律师调解的不同角度介绍了民事调解的具体操作,并立足各自领域对刚刚起步的德国民事调解制度发表了意见和看法。

德国的民事调解分为由法院法官主持的调解和由独立调解人、律师或其他社会机构主持的调解。

(一)法官主持的调解

《德国民事诉讼法》第 278 条规定,法官在诉讼的任何阶段都有义务促成当事人和解,这就意味着案件承办法官有两项职能,一是促成民事诉讼和解,二是在和解不成时进行判决。这种由主审法官促成的和解,通常被称为诉内和解。但随着近年来 mediation 概念引入德国,另一种由非主审本案的其他法官担任调解人,促成当事人和解的做法正在法院内逐步兴起。

这种案外法官调解的最先尝试者是下萨克森州的哥廷根地方法院。

---

① 这里的"第三人"相对于双方当事人而言,即未参加原审诉讼的案外人。

2003 年,那里的法官开始这样做时,并没有法律依据,只是在司法实践中根据工作需要和更多听取当事人意见的做法发展而来,但由于效果良好,得到下萨克森州司法部的大力推广,进而发展到全国。在柏林,这种做法始于 2006 年,部分法官自愿接受培训,开始主持调解工作。但直到 2009 年联邦法司法部批下经费之前,参加培训的法官都是完全凭借对调解工作的兴趣和热情,自掏腰包支付学费。到目前为止,主持调解的法官一部分成了法院内的专职调解人,另一部分则在从事传统审判工作的同时,兼任开展其他案件的调解工作。

案外法官调解的具体做法是,案件起诉到法院、原被告提交了起诉书和答辩意见后,承办法官告知双方当事人可以采取案外法官调解的方式解决纠纷;根据案情需要,承办法官还可以向当事人提出进行案外法官调解的建议。从此时开始直至庭审阶段、尚未判决前,只要双方当事人同意调解,案件可随时移交给案外调解法官。特别是法官受理案件到开庭前,有一定时间间隔,当事人在此期间可对是否选择调解予以充分考虑,因此,在这个阶段当事人同意调解的最为常见。调解法官的确定可以根据当事人的选择,但实践中更为常见的是法院随机安排。

与审判的公开性不同,调解要秘密进行。只有经过调解,双方当事人达成和解意向时,调解法官才会公开宣布调解结果,并允许公众开始参与听审。前几年,对于达成和解的案件,调解法官会将调解笔录移交给案件原承办法官,由原承办法官根据笔录制作调解书,但由于"承办法官对和解达成过程不如调解法官清楚""承办法官不能成为替调解法官制作文书的书记员"等反对意见,近期,这种做法改变为和解达成后由调解法官自行出具调解书。调解书具有强制执行力,但因为和解条款系当事人自行协商而来,因而相较于判决书,调解书的内容更为灵活随意,甚至五花八门,比如可注明"该调解书无需强制执行""双方当事人应加强沟通、定期联系""随后将聘请鉴定人进行鉴定"等方方面面内容。对于经过调解没有达成和解的案件,则仍旧返回原承办法官处审理并作出判决。

2010 年,全柏林州三级法院共有 702 件案件进入案外法官调解程序,成功调解 451 件,占 64%,若把达成部分和解的案件也计算在内,调解成功率达到 75%。2011 年,全柏林进入调解程序的案件 606 件,调解成功 390 件,也占 64%,同比持平,算上部分和解案件,调解成功率 71%。但 2011 年的案件有些仍在调解程序中,若把这些在调案件成功调解的可能性也考虑在内，成功调解率还将高于这个比例。换言之，在柏林的全部一审案件中，有 5%～10% 的案件是通过调解结案的。调解法官们认为，调解不仅能节约一定司法资源，更为重要的是，对化解久拖不决的疑难案件更为有效，有利于达成良好的社会效果。

尽管如此，案外法官调解的发展并不顺利。难点之一是至今尚无明确的法律支撑。现行法律中没有关于案外法官调解的规定，虽然联邦司法部正在牵头立法，希望使之作为联邦法律颁布，适用于全德国，且联邦议会也已经纳入立法计划，但司法部立法草案中的法官调解，与法院目前正在施行的做法并不一致，而是一种妥协的产物，违背了法院的初衷。难点之二是关于法官调解还存在不少不同意见。特别是律师群体，也许出于经济角度考虑，反对呼声最大——法官调解不在诉讼费外另行收费，而同样担任调解人角色的律师却要收取律师费，难免觉得法官调解影响了律师的案源。另一种批评声音来自法官队伍本身，一些保守法官认为，法官的天职是裁判，进行调解简直不伦不类，无法接受。难点之三是案外法官调解的做法各地发展不平衡。有些州在司法实践中推广普遍、经验丰富，最成功的法院有一半案件可以通过法官调解达成和解；但在另一些地区，这种做法则鲜有见到。因此，应当说，法院内的法官调解在德国还处于不成形的探索阶段。

（二）法院外的社会调解

这种社会调解也是 mediation 概念引入德国后的一项成果，起步于 20 世纪 80 年代末，是指法院外的、由不具决策权的中立第三方对争议双方提供支持，帮助他们在基于自愿前提下，找到解决争议方案的做法。必须具备三个要素：一是法院之外；二是调解人的中立性，不参与意见，不具有决策权；三是纠纷当事人自行找到纠纷解决方案和思路。社会调解的启动有两种途径：一种是经争议双方协商，决定共同委托调解人解决纠纷；另一种是案件承办法官凭借对案情的了解和审判经验，认为社会调解解决本案效果更好时，可根据《德国民事诉讼法》第 278 条第 5 款的规定，建议当事人选择社会调解。目前在德国，社会调解主要由独立调解人主持开展。

独立调解人主持调解存在两种调解方法和思路。一种是以法律为依据的调解，通常是调解人与当事人分别谈话，通过背对背的方式，向双方当事人分别施压，以促成双方各自让步。另一种是以当事人意愿为基础的调解，通常由调解人召集双方当事人面对面会谈，通过充分沟通情况、交换意见达成和解和谅解。两种调解方法在实践中都有所运用，但多数调解人更倾向于后者，他们认为前一种工作方法无法充分激发当事人的解决纠纷的积极性，在法官裁判中更为常见。当然，在很多案件中，两种方法也会结合运用。

从实际效果看，至少在经济纠纷领域，独立调解人的调解成功率一般在85%以上。而那些未能达成和解协议、或达成和解后一方或双方当事人没有履行协议的案件，最终还不得不回到法院诉讼的轨道。事实上，达成和解却不履行的情况并不多。独立调解人布莱登巴赫教授指出，这是因为和解是双方在协商自愿基础上共同决定的，往往乐于主动履行。他认为，调解人的社会调解与法官调解相比，解决的是当事人的深层诉求，而包括法官调解在内的诉讼手段，只能解决表面诉求，无法解决纠纷背后的深层问题。这一方面是因为法官的专长在于居中裁判，而不是沟通协调、挖掘当事人的真实想法；另一方面是因为在公众心目中，法官的所有行为都是为了最终的裁判做准备，这使当事人存在顾虑，不敢将所有实际情况和内心想法都袒露给法官，生怕一旦调解不成回到判决解决，法官会根据调解环节掌握的于己不利因素进行自由心证，最终作出对自己不利的裁判。

在德国，成为独立调解人并不困难，只要参加200小时的培训课程，就可以拿到相关社会机构颁发的资格证书，据此开展调解业务，甚至可以不经培训自行开展调解业务。未来国家可能出台相关法律，对独立调解人资质做出底线规定，但目前对独立调解人的权利义务和职业行为还没有任何来自官方的约束，国家既不会对其资格证书进行专门认证，也不会对这一行业归口管理和宣传推广，更不会予以财政支持。德国现有一个独立调解人的行业注册协会，拥有会员1万人，进行民间的行业经验交流和权利维护，但因为加入该协会的自愿性，这1万人并不是德国独立调解人的全部，还有很多调解人游离于该组织之外。行业宣传也完全是自发的，当事人选择某位调解人，完全凭借该调解人所在机构的社会宣传或他人介绍的口碑力量。同时，由于没有国家资助，调解人的薪酬完全由当事人承担，一般是双方均摊。而且不论调解成功与否，标的额多少，均按小时付费，价格没有统一的国家标准，通常参照律师代理费标准。但与诉讼中的律师代理费相比，调解人收费对当事人而言有一个明显的优势，就是调解可以在事先约定的一个短期时间内进行，如果时限过后未能达成和解，调解即告终结，因而在选择调解之前，当事人需要向调解人付出多少费用是可以预期的；但律师代理费则不然，案件一旦进入诉讼程序，审理期限的长短则不由当事人左右，往往会是一个漫长过程，在此期间产生的律师代理费和其他诉讼成本变得不可预计。

除了独立调解人主持的调解，律师或其他社会机构也可以进行社会调解。比如很多行业都内设了调停机构，调解行业内纠纷。行业调解的做法与独立调解人调解不同，通常不是由双方当事人协商出解决办法，而是调停人按照行业惯例主动提出一个解决方案，当事人在此基础上探讨。律师们则认为，与可能毫无法律基础的独立调解人相比，律师具备更扎实的法律基础，更清楚当事人调解方案的预期法律后果，因而能为客户提供更为优质高效的服务。

六、本次考察对完善我国民事诉讼制度的启示

德国法是大陆法系的代表立法之一，无论是普通法院组织体系，还是具体民事诉讼制度，都与我国有一定的相似性，也是我们民事诉讼法立法和学术研究领域较多参考的域外立法。因此，加强与德国立法和司法机构的交流非常有意义。通过本次考察，我们认为德国民事诉讼程序和再审制度立法有以下几方面值得借鉴。

（一）关于民事诉讼再审制度

1. 立法理念

民事再审制度本身就是维护生效裁判稳定性以实现法的安定性，与纠正裁判错误以实现诉讼公正这对难以调和的矛盾的产物。德国立法者对于民事再审制度的价值取向是在诉讼公正和维护法律稳定中，选择了维护法律的稳定性。对此，我们认为，立法的价值取向直接决定了再审制度的具体设计，民事诉讼制度以解决纠纷为主要目的，从诉讼制度的本质来看，应当尽量维持发生法律效力裁判的稳定性、权威性和强制性，如果允许当事人对于已经法院生效裁判确定的法律关系无休止地声明不服，则必然动摇两审终审的审级制度，使国家通过诉讼强制性解决纠纷的目的落空。另一方面，若对于存在重大瑕疵的判决，仍然绝对维护其既判力，亦不符合诉讼公正之本质要求。立法在二者之间如何选取平衡点与一国法律传统和

法律环境密切相关，同时，立法又与国民法律观念有相互促进作用，通过法律制度的改革促进和培育国民法律观念的转变，同样是建设社会主义法治国家的必经途径。在这个意义上讲，德国立法者秉承的"法律的稳定只有通过维护判决效力才能体现"的观点值得借鉴。在借鉴《德国民事诉讼法》的做法扩充判决前程序解决纠纷功能，完善当事人裁判生效前救济权利的基础上，我国民事再审制度的天平应当向逐渐限缩再审范围，维护裁判稳定性倾斜，以促使当事人尽可能地利用一审、二审程序内的诉讼权利纠正裁判可能存在的程序和实体错误，而不是等到裁判生效后通过申请再审或者申诉来寻求救济，动摇裁判的稳定性。

2. 再审的补充性原则

《德国民事诉讼法》第579条、582条均明确规定，仅在当事人非因自己的过失而不能在之前的诉讼程序中，特别是不能通过异议或控诉或不能用附带控诉主张再审理由时，才准许提起再审之诉，从而在立法上确立了再审的补充性原则。该规定的合理性在于，如果当事人在第一审程序中就已经知道裁判存在重大程序或实体错误，完全有机会通过上诉或者申请复议、提出异议等诉讼权利主张撤销或者变更一审裁判，而未通过上诉或申请复议主张的，则不能在裁判生效后再以该事由主张撤销或者变更裁判。我国民事诉讼法没有规定申请再审的补充性要件，导致实务中发生当事人为规避诉讼费或者其他目的而放弃上诉权，直接申请再审的"不打二审打再审"现象。[①] "有的当事人甚至在原审中就掌握了对其有利的关键性证据，但为了拖延诉讼等目的，在一审、二审中故意不提供"。[②]

我们认为，确立再审的补充性原则，不仅有助于充分发挥一审、二审程序功能，提高审判效率，强化既判力，而且对于培养当事人正确运用诉讼权利、尊重生效裁判效力的诉讼意识也具有积极的作用。在我国现阶段，确立再审补充性原则，还有其现实合理性。现行立法允许当事人任意选择上诉和申请再审两种救济途径。在申请再审管辖上提一级的情况下，

---

① 目前，在我国司法实践中，中级法院受理的申请再审案件，除少部分调解案件外，绝大多数为对一审未上诉生效的判决裁定申请再审的案件，如北京市第二中级人民法院2010年受理539件民事申请再审案件，除85件为调解结案的一审案件外，其余均为不服一审裁判，未上诉而直接申请再审的案件，其中判决为434件，裁定为20件。虽然《诉讼费用交纳办法》规定，当事人未上诉的案件再审的，应当补缴诉讼费，但据笔者了解，因操作困难，真正让当事人补缴诉讼费的案件较少。

② 李浩：《再审的补充性原则与民事再审事由》，载《法学家》2007年第6期。

各高级法院和最高法院承担了繁重的再审审查工作任务。大量本来可以通过异议、复议、上诉解决的问题与符合再审事由的案件交织在一起,不利于保护当事人的权利。确立再审补充性原则有利于促使当事人正确行使诉讼权利,利用常规的民事诉讼救济途径,对申请再审案件进行适当的分流,节约司法资源。建议立法机关在民事诉讼法再审事由条文中增加规定,对于当事人可以通过异议、复议或者上诉的方式提出不服原裁判的理由而未提出,在申请再审时再提出该理由的,不予支持。

3. 再审的具体制度

一是再审事由立法的明确性。《德国民事诉讼法》第579条至582条规定了再审事由和需要具备的要件,主要包括提起无效之诉所依据的程序性事由和提起回复原状之诉所依据的涉及裁判基础的证据、犯罪行为、判决冲突或者作为裁判基础的判决被撤销等事由,同时明确依据伪证等事由提起回复原状之诉的,需要提供判定有罪的刑事判决,再审事由界限清晰,条件明确。我国现行民事诉讼法第一百七十九条也明确规定了再审事由,但存在诸多实体性判断标准,如"确有错误""足以推翻"等,难以把握,致使实践中难以准确区分裁定再审的标准与再审改判的标准,并危及裁判稳定性。如当事人引用最多的现行民事诉讼法第一百七十九条第一款第二项"原判决、裁定认定的基本事实缺乏证据证明的"事由,因裁判认定的事实是否缺乏证据证明,往往与法官自身的认识、经验和个案综合情况相关,缺乏明确的判断标准,因此当事人往往依据该项事由提出再审申请,使高级法院和最高法院花费大量精力对事实证据进行再次评判。同样,关于该款第三项"原判决、裁定认定事实的主要证据是伪造的"事由,当事人可以为了证明证据系伪造而提出五花八门的理由和证据,法院审查判断较为困难,且因主张证据系伪造的举证难度较高,依据该项事由启动再审的案件较少,当事人难以信服,这与立法没有就该事由规定相应的认定要件有关。因此,我们认为,有必要改造再审事由,使再审事由的判断能够有明确的客观标准,而与裁判结果的正误相对分离,如伪造证据事由、审判人员枉法裁判事由,立法明确规定应当提供相应的刑事判决书或其他法律文书确认行为存在。

二是再审期间兼顾权利救济和保持裁判稳定性需要。《德国民事诉讼法》从提出再审之诉期间和再审诉权存续的最长期间两方面规定了再审期间,兼顾了保障再审诉权和维护裁判稳定性。我国民事诉讼法第一百八十四条关于再审期间的规定未区分再审诉权行使的期间和再审诉权存续的期间，既不利于督促当事人及时行使权利，又不利于法律关系的稳定，一方面，裁判生效后 2 年内均可申请再审，行使权利的期间过长，难以督促当事人及时行使申请再审权利，另一方面，裁判生效后 2 年为再审诉权存续的绝对期间，又难以适应在裁判生效之后才知道再审事由的特殊情形。①建议我国民事诉讼法区别规定行使申请再审权的期间和申请再审权存续的绝对期间，采用裁判生效和知悉再审事由相结合的期间起算标准，同时明确不适用最长期间的例外情形。②

三是明确规定再审诉状内容和所需材料。《德国民事诉讼法》第 587条、588 条明确规定再审诉状需要具备的内容及需要提交的证据材料，并在 589 条进一步明确诉状不符合法定方式的，以起诉不适法为由裁定驳回，为当事人行使再审诉权起到了明确的指引作用。我国民事诉讼法没有明确规定再审申请书内容，必备内容不明，影响了当事人行使权利和法官的审查。从性质而言，再审申请书与一审起诉状、二审上诉状相同，均为当事人行使诉权的行为，且由于再审申请攻击的是生效裁判，更需要求当事人明确所依据的事由、具体理由和再审请求，因此，建议立法明确规定再审申请书应当载明下列事项：当事人的基本情况；申请再审的发生法律效力的判决、裁定或者调解书；申请再审事由及具体事实、理由；具体的再审请求，从而为法院审查当事人申请再审材料的合法性提供法律依据。

（二）关于案外人权利救济立法模式的选择

此次我国民事诉讼法修改的一个重要问题是，如何给合法权益受到生效裁判损害的案外人提供诉讼内救济途径。主要争议在于，是否需要在民事诉讼法中明确规定案外人救济途径，如果需要，采用何种立法模式——

---

① 此次民事诉讼法关于一百八十四条再审期间的修改草案虽然将申请再审期间缩短为裁判生效后六个月，并规定了四种从知道再审事由起算的事由，但仍未将申请再审的最长期间纳入考虑范围。

② 建议将我国民事诉讼法第一百八十四条修改为：当事人申请再审，应当在判决、裁定、调解书发生法律效力后一年内提出；当事人在判决、裁定、调解书发生法律效力后知道再审事由的，应当在知道再审事由后六个月内提出。判决、裁定、调解书发生法律效力超过五年的，不得申请再审。但下列情形除外：1. 代理当事人参加诉讼的法定代理人、委托代理人没有代理权的；2. 据以做出原判决、裁定的法律文书被撤销或变更的；3. 审判人员在审理该案件时有贪污受贿、徇私舞弊，枉法裁判行为的；4. 当事人因不可归责于本人或者诉讼代理人的原因，未参加诉讼，缺席判决的。

是案外人申请再审还是由案外人提起第三人撤销之诉。考察团赴德之前已经了解到,《德国民事诉讼法》中既不存在案外人申请再审,也未规定第三人撤销之诉制度,德国立法如何为案外人提供救济,成为我们重点关注和了解的问题。

根据我们了解到的情况,德国司法界一致认为,不能因为案外人的介入而动摇生效裁判的稳定性,案外人对于裁判确定的标的物主张阻止让与的权利的,需要先提起第三人执行异议之诉阻止裁判的执行,然后另行起诉取得确定其权利的生效裁判,原来的裁判不能拘束案外人,案外人也无权动摇他人之间裁判的稳定性。① 这一观点与判决既判力的主体范围只能严格限制于当事人及当事人的承继人或者为当事人利益占有标的物第三人的观点深入人心,以及立法明确规定了判决既判力主体范围相关。而在我国,既判力主体范围理论并未被立法和实务界,特别是当事人所普遍理解和接受,人们难以理解在已有一个判决确定标的物是 A 的(当事人是 A 和 B),为何允许产生第二个判决又确定标的物是 C 的(当事人是 C 和 A、B)。

虽然我们与德国在既判力观点上难以取得共识,但是德国允许案外人另行起诉主张权利的做法值得借鉴,因为,案外人所提出的主张和依据的事实证据并未在前诉中得到审理,不应受前案裁判的拘束,应当给案外人一个行使诉权得到审理的机会,这一点是明确的,我国老百姓所不能理解的是,为什么会有两个判决判项矛盾。鉴于此,并考虑到实务中当事人申通损害案外人利益的情况并不鲜见,我们认为,立法有必要规定案外人权益救济程序,并且后一判决应当对前一判决中涉及案外人主张权利标的物的判项作出判断,以解决两个判决矛盾的问题。因此,在案外人权益救济立法模式的选择上,我们认为,构建第三人撤销之诉制度是更为合理的选择,主要理由是:再审之诉是建筑在已对诉讼标的进行审理的基础之上的特别救济程序,单纯通过赋予案外人申请再审权利,来解决案外人权利保障问题,必然遇到程序障碍,如在原审裁判系二审裁判情况下,能否直接驳回案外人诉讼请求或者直接变更二审裁判,如何保障案外人的上诉权,案外人是否需要遵循再审期间,等等。而通过建立第三人撤销之诉,区分

---

① 《德国民事诉讼法》第325条明确规定了既判力效力的主体范围,该条第1款明确裁判的既判力只能拘束当事人,当事人的权利承继人,或者以成为当事人或其权利承继人的间接占有人的方式占有系争标的物的人。

因案外人提起撤销之诉与因当事人申请再审而启动对原判决重新审理的程序，规定不同的程序规则，有利于更为周全地保障案外人的合法权利。在具体制度安排上，第三人撤销之诉与申请再审同为针对生效裁判提出的撤销或者变更请求，同为诉讼上形成之诉，但又有明显差异，如规定独立于再审程序的第三人撤销之诉，易造成立法条文冗繁，如将第三人撤销之诉统一纳入申请再审中，又难以适应第三人撤销之诉的特殊要求，为立法条文集中并简洁起见，建议于再审程序中设专节规定第三人撤销之诉的条件和程序特则，同时对可与申请再审通用的程序规则规定准用条款。

（三）关于审级和上诉制度

德国普通法院的组织体系与我国较为相似，但对于案件级别管辖权的分配与我国不同。其将一审管辖权赋予初级（地方）法院和州法院，相应的二审法院分别为州法院和州高等法院，第三审案件管辖权则统归联邦最高法院。根据这一审级划分，各级法院的职能侧重得以清晰界定，初级法院和州法院作为一审法院，对案件事实和法律适用进行全面审理，二审法院在一审法院查明事实基础上进行复审，当事人有正当理由的，方能在二审提交新证据。联邦最高法院负责统一的法律第三审，发挥统一法律适用、确立裁判规则的作用。同时，《德国民事诉讼法》和相关并行法还根据经济发展状况以及案件重要程度，为不同案件规定了不同的审级制度，标的额在600欧元以下的案件原则上一审终审，标的额在600欧元至5000欧元之间的案件原则上二审终审，标的额在5000欧元以上且具有原则性意义或具有推动法律进步或保障司法统一意义的案件可以提起第三审上诉（其中标的额在20000欧元以上且二审法院不允许第三审上诉的案件，当事人可以就该不允许上诉的决定向第三审法院提起抗告，由第三审法院根据上述标准判断是否应予准许第三审上诉）。

我们认为，德国这一关于各级法院管辖权划分和审级制度的规定值得借鉴。虽然根据我国民事诉讼法的规定，从基层法院到最高人民法院都有一审案件管辖权，但在实务中通过立法授权最高人民法院制定的级别管辖规定，绝大多数案件是由基层法院和中级法院作为一审法院，相应地中级法院和高级法院作为二审法院，而由于"申请再审上提一级"的立法修改，不服二审判决的申请再审案件则集中于高级法院和最高人民法院，我国各级法院的职能在实质上已经有所侧重，基层法院和中级法院负责查明事实，适用法律，作出一审裁判，中级法院和高级法院作为二审法院主要在一审查明事实和裁判基础上进行审理，发挥审级制度内的监督作用，而高级法院、最高人民法院则主要通过审查申请再审案件，对生效裁判是否具备再审事由进行事后监督。为清晰界定各级法院职能侧重，并结合我国司法实践情况，建议立法修改级别管辖制度，重新在各级法院之间划分案件的管辖权，明确基层法院和中级法院为一审法院，中级法院、高级法院为二审法院，高级法院、最高人民法院通过审查申请再审案件发挥对下级法院的审判监督职能。关于审级制度的改革，此次民事诉讼法修改草案规定了小额诉讼案件的一审终审，我们认为，这体现了立法机关已经注意到了审级制度应与案件重要性相适应，也参考了大陆法系和英美法系的规定，是一个很大的进步。

此外，《德国民事诉讼法》中关于二审审理程序的改革，特别是关于二审法院可以不经开庭审理对于明显无胜诉可能的案件裁定驳回的做法，以及德国在法院内部设置与承办法官相分离的专职或兼职调解法官的做法，也值得我们思考和借鉴。

（执笔人：郑学林、刘小飞、沈佳）

德国民事再审程序的建构

周 翠*

一、再审之诉的性质与分类

仅当出现严重程序瑕疵或者裁判出现重大的内容错误时,立法者才允许当事人通过提起再审之诉的途径挑战发生既判力的判决。[①] 换言之,再审之诉的目的在于追溯既往地消灭原判决;一旦原判决被追溯既往地撤销,原争议就未得到解决,以至于必须重新进行审理和裁判以终结程序,也即原诉讼标的重又追溯既往地诉讼系属。[②] 再审程序被规定在《德国民事诉讼法典》第578–591条,这些规范总是应当在维持裁判的确定力与实体公正之间维持平衡。[③] 从表象上看,再审程序(Wiederaufnahme des Verfahrens)与上诉程序类似,但其不属于上诉程序,因为其既不产生停止既判力之发生的停止效力(Suspensiveffekt),也不产生提高审级的移审效力(Devolutiveffekt)。[④] 而且,再审之诉属于辅助性的诉讼救济手段(susidiäre Rechtsbehelfe),[⑤] 当事人原则上应当尽量在此前的程序例如异议或上诉程序中主张相关的程序瑕疵或判决内容错误的理由。

基于历史沿革的原因,德国立法者设定了两种再审之诉:无效之诉(Nichtigkeitsklage)与恢复原状之诉(Restitutionsklage),从而创设了双规

---

* 浙江大学光华法学院教授,博士生导师。
① Vgl. Musielak/Musielak, ZPO, 13. Aufl. , 2016, § 578 Rn. 1.
② Musielak/Musielak, Fn. 2, § 578 Rn. 4.
③ Adolphsen, Zivilprozessrecht, 4. Aufl. , 2013, § 28 Rn. 69.
④ Zöller/Greger, ZPO, 30 Aufl. , 2014, Vor § 578 Rn. 1.
⑤ BeckOK ZPO/Fleck, 20. Edition, 2016, § 578 Rn. 1.

体系。众所公认,这样的分类以陈旧的历史模式为蓝本,不令人信服。① 通常说来,无效之诉指向重大的程序瑕疵且不取决于该瑕疵是否与判决作成之间有因果关系,而且在无效之诉的理由成立的情形,原判决无效;与此相比,恢复原状之诉适用于裁判基础错误且该错误与错判之间存在因果关系的情形,在恢复原状理由成立的情形,判决仅是可撤销的判决;此外,无效之诉的理由通常涉及整个程序,而恢复原状之诉的理由往往仅涉及某个判决要素。② 虽然恢复原状之诉的部分理由(第580条第1-5项)亦旨在确保程序正确,但这些理由建立在过错性违反程序义务的基础之上,而无效之诉的理由仅涉及客观的程序瑕疵。③ 基于如上的区别,主流观点④认为应当尊重立法者的意旨,也即将无效之诉与恢复原状之诉视为两种诉的种类,两者不构成一个统一的再审程序,仅当满足了诉之变更的要件时,才允许从一个再审之诉的种类转为另一个种类。⑤ 依照第578条第2款,如果同时提起了无效之诉和恢复原状之诉,恢复原状之诉的程序应当分立并中止,这是因为在无效之诉有理的情形判决会被撤销,恢复原状之诉也就随之丧失意义,但学者认为一律中止恢复原状之诉的的做法并不妥当,未来应当赋予法院裁量权,由其在诉讼经济的考量指引下决定是否合并审理无效之诉与恢复原状之诉。⑥

二、再审程序的阶段划分与进程

再审程序分为三个阶段:合法性审查、有理审查以及重新审理阶段。在合法审查阶段,法院依职权审查再审的合法要件是否得到满足。如果未

---

① Musielak/Musielak, Fn. 2, § 578 Rn. 9; MüchKomm/Braun, 4. Aufl., 2012, § 578 Rn. 2.
② Zöller/Greger, Fn. 5, § 578 Rn. 1.
③ MüchKomm/Braun, Fn. 7, § 579 Rn. 1.
④ Zöller/Greger, Fn. 5, § 578 Rn. 1; Musielak/Musielak, Fn. 2, § 578 Rn. 9。不同见解参见 MüchKomm/Braun, Fn. 7, § 578 Rn. 1, 34f. 之所以引入第578条第2款,是因为当时认为无效之诉相较于恢复原状之诉范围更广、效力更强,但这种观点现在看来并不贴切,恢复原状之诉同样可以导致全部程序被撤销的后果,因此如果注意到无效之诉与恢复原状之诉属于一个制度——再审程序的不同表达这一点的话,第578条第2款就丧失了基础,未来应当由法院依其衡量决定是否中止审理恢复原状之诉。
⑤ Zöller/Greger, Fn. 5, § 578 Rn. 3.
⑥ 如果当事人例如依照第579条第1款第1项提起了无效之诉,同时又依照第580条第7b项提起了恢复原状之诉,在此情形中止恢复原状的程序就毫无意义。相反,法院应当合并这两个程序,因为若须重新审理,就应当一次性考虑所有成功主张的再审理由,并在一个重审程序中同时消除两项瑕疵,就此详见 BeckOK ZPO/Fleck, Fn. 6, § 578 Rn. 33。

得到满足，法院应当通过终局判决的形式驳回再审之诉。驳回无效之诉并不阻碍当事人提起恢复原状之诉，反之亦然，而且如果当事人针对同一再审理由提起了不同的证据手段，也可以再次提起再审之诉。① 如果法院得出结论认为合法要件未得到满足从而认为再审之诉合法，即进入第二阶段，也即法院应当依职权审查再审之诉是否有理由。如果法院在此阶段得出结论认为再审理由未得到证明，通常通过终局判决的途径因诉无理由驳回诉讼请求；如果法院得出相反结论认为再审之诉合法且再审理由存在，就可以通过中间判决的途径撤销原判，随之进入第三阶段——重新审理阶段。当然，法院也可以合并第二个和第三个阶段，也即在对原争议进行重新审理的判决中才对再审之诉的合法性和有理由作出裁判。② 总体而言，在合法性审查和有理性审查阶段，当事人的自治受限，其不能对再审理由之存在进行处分，而是取决于法院的确信，相反在重新审理阶段当事人可对诉讼标的和事实进行主宰与控制。③

如果不存在特殊规定，再审之诉的起诉或程序进程准用一般规定（第585条）。当事人针对前诉发放的代理授权，通常亦对再审程序适用（第81条）；仅在婚姻案件中，当事人必须对再审出具特别授权［《家事程序与非讼程序法（FamFG）》第114条第5款］；再审原告在对再审理由进行言词辩论之前撤回再审之诉的，不需征得被告的同意。④ 如果参与原判决裁判的法官又参与了再审之诉的裁判，既不构成法定的自行回避理由，也不致使偏颇之虞正当，但如果再审之诉的理由恰恰指摘前一程序法官的履行职务行为，则担忧法官不公正就可能正当。⑤

三、再审之诉的合法性审查

在审查再审之诉是否合法的第一个阶段，法院应当依职权审查一般诉讼要件和再审之诉的特殊诉讼要件是否得到满足以及是否有违第584条规定的专属管辖。一般诉讼要件主要包括当事人能力、权利保护必要等要件。特殊的诉讼要件则包括再审之诉的容许性（Statthaftkeit）、不服（Be-

---

① Vgl. MüchKomm/Braun, Fn. 7, § 578 Rn. 165.
② Musielak/Musielak, Fn. 2, § 578 Rn. 3, 17; Zöller/Greger, Fn. 5, Vor § 578 Rn. 20ff.
③ BeckOK ZPO/Fleck, Fn. 6, § 578 Rn. 5.
④ Musielak/Musielak, Fn. 2, ZPO, § 585 Rn. 2.
⑤ OLG Zweibrücken, NJW 1974, 955, 956; Musielak/Musielak, Fn. 2, § 585 Rn. 5.

schwer)、不能更早主张恢复原状的理由并非出于过错、遵守起诉期间、诉状内容符合要求以及对再审理由为正当主张等。① 通常而言，合法性审查在言词辩论的基础上进行，除非出现滥诉的情形法院可直接通过裁定的形式驳回起诉。②

1. 再审程序的当事人

再审之诉的当事人，原则上是原程序的当事人或其全部权利的承继人（Gesamtrechtsnachfolger）。在必要共同诉讼的情形，所有的共同诉讼人都必须参加；在普通共同诉讼的情形，仅拥有再审理由的那些共同诉讼人才主动或被动适格。③ 相反，个别权利的承继人（Einzelrechtsnachfolger）却不可成为再审之诉的原告或被告。④ 例如，在诉讼系属或者既判力发生之后通过债权让与或者转让系争物而产生的个别权利承继的情形，原诉讼的当事人原则上是再审程序的主动或被动适格人，也即应当由权利转让人或者针对该人提起再审之诉。⑤

辅助参加人也可以提起再审之诉：不仅已经在前诉中参加的辅助参加人，而且因提起再审之诉方才加入程序的辅助参加人亦可提起再审之诉。⑥辅助参加人是否可得在再审程序中违背他所支持的主当事人的意志，以及他是否可违背该人的意志提起再审之诉，取决于他的地位是普通的辅助参加人还是共同诉讼意义上的辅助参加人；在再审程序中，辅助参加人原则上仅拥有主当事人所拥有的权限，但如果他是主当事人的权利承继人且可以主张自身的法定听审权在前诉中受到侵犯或者主当事人串通侵害他的利益，他可以拥有广泛的权限。⑦ 此外值得注意的是，个别权利的承继人仅是普通的辅助参加人。

---

① Vgl. Musielak/Musielak, Fn. 2, § 578 Rn. 15.
② Musielak/Musielak, Fn. 2, § 589 Rn. 1.
③ Zöller/Greger, Fn. 5, Vor § 578 Rn. 4.
④ Saenger, ZPO, 6. Aufl., 2015, § 578 Rn. 9.
⑤ 持相反方案的见解忽视了对方当事人的利益，如果原来的被告必须针对个别权利承继人提起再审之诉，其必须在原债权部分让与的情形提起多个再审之诉；而且，如果权利承继人善意取得，他提起的诉不仅被驳回，而且还须承担诉讼费用，而权利转让人仅作为再审之诉的证人出现，这些均违反了保护对方当事人的思想，详见 MüchKomm/Braun, Fn. 7, § 578 Rn. 28。
⑥ MüchKomm/Braun, Fn. 7, § 578 Rn. 30; Zöller/Greger, Fn. 5, Vor § 578 Rn. 6.
⑦ MüchKomm/Braun, Fn. 7, § 578 Rn. 31f..

2. 专属管辖

第584条设定了再审之诉的专属管辖规范，这意味着当事人不能通过协议变更此项地域与事务管辖规则。出于案件就近之考量，原则上应当由发布判决的法院处理无效或恢复原状之诉：如果被提起再审的原判决由一审法院作成，或经控诉法院发回重审后由一审法院作成，应当向一审法院提起再审之诉。如果被提起再审的实体判决或实体判决之一由控诉法院作成，应当向控诉法院提起再审之诉；如果因第580条第1~3项和第6项、第7项的理由针对上告法院作成的判决提起再审，也应当由控诉法院管辖再审之诉，缘由在于在这些情形法院进行了事实认定，因此最好由作出事实认定的法院处理案件；① 如果因第579条、第580条第4项和第5项的理由针对上告法院作成的判决提起再审，应当由上告法院管辖再审之诉，即便再审理由也涉及前一审级的裁判，亦由上告法院管辖再审之诉。②

3. 容许再审

针对任一审级的发生形式既判力的终局判决（Endurteil），都容许提起再审之诉，而不论该判决是实体判决还是诉讼判决，是对审判决还是认诺判决、舍弃判决亦或缺席判决，而且程序种类亦无关紧要，例如针对婚姻或家事程序、书证与票据诉讼、公示催告程序中的裁判均容许提起再审之诉。③ 针对离婚判决原则上也容许提起再审之诉，即便配偶在此期间已经再婚也可提起，仅在配偶已死亡的情形不可再提起再审之诉。④ 虽然法律仅使用"终局判决"的字眼，但再审之诉也可扩张到其他裁判的形式，例如针对执行决定、发生既判力或不可被声明不服的终结程序的裁定（例如驳回上诉裁定、宣告仲裁裁决可执行的裁定），也容许提起再审之诉。⑤ 针对强制拍卖程序中的拍定裁定，是否容许提起再审之诉，存在争论：实务界通常以法安定性和信赖保护为理由持否定意见，而学界中的主流观点持

---

① Saenger, Fn. 21, § 584 Rn. 4.

② 此外，如果针对联邦最高法院作成的进行了事实确认的判决（例如视再审不合法而予以驳回的判决）提起再审之诉，联邦最高法院亦认为自身（作为上告法院）对再审之诉有管辖权，详见 BGHZ 62, 18; Saenger, Fn. 21, § 584 Rn. 5。

③ MüchKomm/Braun, Fn. 7, § 578 Rn. 15. 通常而言，针对中间判决、保留判决、诉讼和解协议，不能提起再审之诉，详见 Saenger, Fn. 21, § 578 Rn. 4。

④ MüchKomm/Braun, Fn. 7, § 578 Rn. 17a.

⑤ Musielak/Musielak, Fn. 2, § 578 Rn. 13; Saenger, Fn. 21, § 578 Rn. 2.

肯定性意见。①

4. 不服

依照通说，仅当再审原告被判决加重负担（beschwert），也即存在不服（beschwer）时，提起再审之诉才合法；如果判决与当事人的申请一致完全支持了当事人所提起的权利主张，就不存在"不服"。② 不过，针对亲子判决或者离婚判决，不要求"不服"这一要件。③

5. 再审期间要求

为了维护法安定和法和平，当事人应当在一个月内提起再审之诉（第586条第1款）。该期间为不变期间（Notfrist），既不能通过当事人协议也不能由法院变更。④ 而且，该期间自权利人知道再审理由的当天起算。单纯的应当知道（Kenntnismüssen）或者仅是怀疑存在再审理由，均不足够；当事人或其代理人必须肯定的知道构成再审理由的一切事实。⑤ 在涉及第580条第1~5项规定的恢复原状的理由的情形，期间自当事人知道有发生既判力的刑事判决存在或者知道因证据不足之外的原因不能刑事判罚的当天开始计算；在文书的情形，自找到文书或者肯定知道可利用此文书时起算，如果涉及多个文书，对每个文书分别计算期间，即便这些文书用于证明同一事实。⑥ 前述期间通过及时起诉得到了遵守，也即通过送达诉状而非通过向法院递交诉状的途径遵守前述期间。⑦ 如果无管辖权的法院向管辖法院移送了再审之诉，向无管辖权的法院起诉也就发生遵守期间的效力。⑧ 依照第589条第2款，原告必须对"其在一个月的不变期间届满前起诉"一事进行疏明（glaubhaft machen）。

自判决发生既判力五年期间届满后，不再容许提起任何再审之诉（第

---

① Musielak/Musielak, Fn. 2, § 578 Rn. 13。此外值得注意的是，在五年期间届满之前都可以借助第569条第一款第三句规定的特殊抗告的途径撤销拟定裁定，详见 MüchKomm/Braun, Fn. 7, § 578 Rn. 24。

② MüchKomm/Braun, Fn. 7, § 578 Rn. 33.

③ MüchKomm/Braun, Fn. 7, § 578 Rn. 33.

④ Musielak/Musielak, Fn. 2, § 586 Rn. 2.

⑤ Musielak/Musielak, Fn. 2, § 586 Rn. 3.

⑥ Saenger, Fn. 21, § 586 Rn. 4.

⑦ Musielak/Musielak, Fn. 2, § 586 Rn. 5.

⑧ Saenger, Fn. 21, § 586 Rn. 9.

586 条第 2 款第 2 句)。① 此期间是除斥期间（Ausschlussfrist），不能被延长，也不能恢复原状；即便当事人因不可抗力（unabwendbare Ereignisse）受阻不能起诉，也不能发生期间中止的效力。②

此外，对于"未依法代理"这一再审理由存在特殊规定。以此为理由提起无效之诉的一个月的期间，自判决送达给当事人和在其欠缺诉讼能力的情形送达给法定代理人的当天开始计算，但如果送达发生在既判力发生之前，起诉期间自形式既判力发生之后才开始起算；而且，当事人不受五年除斥期间的限制（第 586 条第 3 款），而是可以无限期地提起无效之诉。③

6. 诉状内容及主张再审理由

再审之诉的诉状内容被规定在第 587 条和第 588 条中，但前者属于必须遵守的规范，违反此项规定导致诉不合法而被驳回的后果（第 589 条），而后者仅为应当规范（Sollvorschrift）。④ 首先，诉状必须写明无效之诉或恢复原状之诉所针对的判决名称，以及说明提起何一种类的诉（第 587 条）。不过，原告不必写明是提起无效之诉还是恢复原状之诉，能从理由中得出提起何种诉的结论即可。⑤ 如果能够明显看出针对何判决提起了再审之诉，写错判决的名称（例如明明针对控诉判决提起再审却错误地写成了一审判决）不导致再审之诉不合法而被驳回的后果。⑥ 如果诉状内容不满足第 587 条的要求，应当在驳回起诉之前先给予原告在第 586 条规定的期间内消除瑕疵的机会。⑦

此外，诉状还应当写明再审理由，并提交能证明再审理由与遵守期间的证据手段，以及说明多大程度上追求消灭原判和提起其他何种裁判的申请（第 588 条第 1 款）。不过，诉状并非必须包含再审理由，原告也可以在程序进程中补足此项内容。⑧ 提起无效之诉的书状，应当附所依据的文

---

① 立法者原本设定了十年的期间，并认为所有相关的法律关系在如此之长的时间过后已经悄然静寂，但在立法过程中又将此期间又缩短为五年，如此一来即可在大多数情形与相关的刑事时效期间保持一致，从而避免判决长期摇摆不定，详见 Musielak/Musielak, Fn. 2, § 586 Rn. 1。
② Musielak/Musielak, Fn. 2, § 586 Rn. 7.
③ BeckOK ZPO/Fleck, Fn. 6, § 586 Rn. 14.
④ Musielak/Musielak, Fn. 2, § 587 Rn. 1.
⑤ Saenger, Fn. 21, § 587 Rn. 2.
⑥ Musielak/Musielak, Fn. 2, § 587 Rn. 2.
⑦ Musielak/Musielak, Fn. 2, § 587 Rn. 2.
⑧ Musielak/Musielak, Fn. 2, § 588 Rn. 2.

书原件或副本（第588条第2款第1句）。如果原告不占有这些文书，其应当声明他欲提起何种获取文书的申请（第588条第2款第2句）。总体而言，违反第588条，并不直接导致诉不合法被驳回的后果，而是在言词辩论结束之前均可补足这些内容。①

7. 未及早主张再审理由并非过错

如前所述，无效之诉和恢复原状之诉相较于其他诉讼救济手段具有辅助性。第579条第2款仅为其中两项无效理由设定了辅助性的要求：如果涉及"未依法组成审理组织"和"已被正当申请回避的法官参与裁判"这两项理由，只要原告原本可在上诉程序中主张这两项违法，就不能提起无效之诉对此进行主张（579条第2款）。同样，恢复原状之诉亦对于上诉程序或者其他权利保护途径而言具有辅助性，仅当当事人在此前的程序（例如异议、控诉或者附带控诉程序）未能主张恢复原状的理由并非出于过错时（第582条），恢复原状之诉才合法。换言之，"未及早主张恢复原状的理由"属于诉之合法性的障碍；如果不满足此项要件，恢复原状之诉非因无理由被驳回诉讼请求，而是因不合法而被驳回起诉。②

对此适用过错推定原则，原告对"未及早主张并非基于自己或代理人的过错"负担证明责任，但对此不应持过高的要求。③ 如果原告原本能够在此前的程序中例如通过申请恢复原状（第233条以下）或者提起上诉向法院主张恢复原状的理由，或者不主张并非无过错，就排除了提起恢复原状之诉的可能；换言之，在当事人获知恢复原状的理由之后，除非其认为此理由完全无望，均须在此前的程序中主张恢复原状的理由。④ 在涉及第580条第1项至第5项规定的刑事行为的情形，当事人不必等待刑事判决的作成，缘由在于在系属的程序中主张这样的恢复原状理由并不取决于刑事判决是否存在。⑤ 如果原告在此前的程序中不知道恢复原状的理由，则取决于这种不知情是否源于其有欠谨慎；如果当事人未通过合理的努力获取必要的信息，例如查阅官方登记簿或可查阅的文书，或提起《德国民法典》第1580条规定的答复之诉，或者如果当事人因组织不力或者未合理

---

① Saenger, Fn. 21, § 588 Rn. 5, 7.
② Saenger, Fn. 21, § 580 Rn. 2, 582 Rn. 1f..
③ Saenger, Fn. 21, § 582 Rn. 6.
④ Saenger, Fn. 21, § 582 Rn. 5.
⑤ Musielak/Musielak, Fn. 2, § 582 Rn. 2.

归档业务资料导致未能及时找到某项文书,均应当认定为有欠谨慎。①

如果原告在此前的程序中已经主张过恢复原状的理由但未获得支持,其不得再基于同一事实和证据手段提起恢复原状之诉,但如果其获得了此前不掌握的新证据手段和信息,而且此前未获得并不可归责为不谨慎,就并不阻碍该人提起恢复原状之诉。②

四、再审之诉的理由审查

1. 再审理由

(1) 无效之诉的理由

无效之诉的理由主要包括审理法庭未依法组成、法官未依法自行回避、已被申请回避的法官进行了裁判、当事人未依法代理四种情形(《德国民事诉讼法典》第579条第1款)。这些理由的表述与上告审(第三审)的前四项理由几乎完全相同,因此无效之诉亦被称为"无限期的上告"。③ 而且,如同绝对的上告理由一样,程序瑕疵不需与裁判结果之间具备因果关系。④

"未依法组成法庭"(第579条第1款第1项),违反了《德国基本法》第101条第1款第2句规定的法官法定原则,但并非法庭组成方面的任何错误均导致无效之诉。仅建立在毫无理由的法律观点之上的明显严重的违法错误以至于可称之为"恣意"(Willkür)的错误,才导致无效之诉正当。⑤ 如果法庭组成建立在错误的法律解释或者对业务分工计划的误解基础之上,这就并非是建立在不可容忍的法律观点从而建立在客观恣意的基础之上的明显违法。⑥ 此外,如果法院未向另外一个法院(主要是欧洲人权法院)进行必要的请示,也可能视为"审理法庭未依法组成",但单纯违反法定听审权不足以构成此理由。⑦ 在涉及"未依法组成法庭"的理由时还须注意,如果裁判非由一个不正确组成的法庭作成,而是例如由一个不符合"法院品质"的委员会作成,这可能涉及一个"非判决"

---

① Musielak/Musielak, Fn. 2, § 582 Rn. 3.
② Musielak/Musielak, Fn. 2, § 582 Rn. 4.
③ MüchKomm/Braun, Fn. 7, § 579 Rn. 1.
④ BeckOK ZPO/Fleck, Fn. 6, § 578 Rn. 8.
⑤ Saenger, Fn. 21, § 579 Rn. 2.
⑥ BAG BeckRS 2015, 72763; BeckOK ZPO/Fleck, Fn. 6, § 579 Rn. 3.
⑦ Saenger, Fn. 21, § 579 Rn. 2.

（Nichturteil），"非判决"不发生任何效力，既不终结审级，也不发生既判力或任何诉讼内部的拘束力，当事人任何时候都可主张其不生效力（wirkungslos），而无须提起无效之诉。①

如果因偏颇嫌疑而已被申请回避的法官、司法辅助官或书记官参与了裁判工作（第579条第1款第3项），这构成另外一个提起无效之诉的理由。但是，单纯存在偏颇之虞或者从客观上看偏颇之虞有理由，均不足以开启再审之诉，该法官必须已被裁定回避或者法院已宣布回避申请正当。②

如前所述，前述两项无效理由——"未依法组成审理法庭"和"被正当申请回避的法官参与了裁判"具有辅助性，只要原本可在上诉程序中主张此项违法，就不能提起无效之诉予以主张（579条第2款）。这意味着，如果在此前的程序中过错性的耽误主张这两项理由，就不得在无效之诉予以主张，而且如果这两项理由已在最初的程序或者上诉程序中被审查过并得到了否定，那么也同样排除了提起无效之诉的可能性。③

"应当自行回避的法官参与了裁判"（第579条第1款第2项）以及"当事人未被依法代理"（第579条第1款第4项），构成提起无效之诉的另外两项理由。针对这两项理由，法律未设定"辅助性"的要求，也即不要求再审原告必须尽早在此前的程序中主张。当事人既可以选择在上诉审中，也可以选择再审之诉中主张这两项理由；如果相关理由在上诉审中未获得支持，就不得再在无效之诉中进行主张。④ 此处涉及的回避理由同样对司法辅助官、书记官适用。⑤

当事人未依法代理包括三种情形：原程序由无诉讼能力的当事人实施、无诉讼能力的当事人由一个欠缺法定代理权限的据称的法定代理人代理、诉讼由一个无诉讼授权的任意代理人实施，这三种情形均侵犯了法定

---

① 通常而言，"非判决"涉及两种情形：其一，裁判非由《德国法院组织法》承认的"法院"作成；其二，裁判不具备法定的表达形式。如果裁判由一个行政机关或者非法院的司法机关（书记员、法院执达员）乃至受托法官作成，或者由一个不满足《德国基本法》第92条意义上的"法院品质"的委员会作成，这样的判决就是"非判决"，详见 MüchKomm/Braun, Fn. 7, § 578 Rn. 6, § 579 Rn. 4。

② Vgl. Saenger, Fn. 21, § 579 Rn. 4.

③ MüchKomm/Braun, Fn. 7, § 579 Rn. 6.

④ Saenger, Fn. 21, § 579 Rn. 7. 如果当事人因为公告送达而未知晓针对自己的程序，并不存在"未依法代理"这项无效理由，BGH NJW 03, 1326。

⑤ MüchKomm/Braun, Fn. 7, § 579 Rn. 7.

听审权。① 判例对法律作出狭义的解释,并要求代理瑕疵必须在整个程序期间都存在。② 如果曾在之前的主程序中审查并肯定了诉讼能力,就不再能以欠缺诉讼能力为由提起无效之诉。③ 此外,仅未依法代理的当事人可以提起再审之诉,对方当事人并不得以此为理由质疑判决的确定力。④ 针对"不存在的当事人"发布的判决不生效力(wirkungslos),从而不必提起无效之诉;⑤ 相反,针对无当事人能力的人发布的判决自始无效(nichtig),只要存在权利保护利益,就可通过无效之诉的途径主张"当事人能力欠缺",缘由在于无当事人能力的人通常未被依法代理。⑥ 仅当错误的送达导致当事人的代理瑕疵时,错误送达才属于第579条第1款第4项规定的"未依法代理"的情形。⑦ 依照现有的判例观点,如果公告送达的前提要件不存在但仍然以公告送达的途径送达了诉状,并不能针对就此诉求作成的有效判决提起无效之诉,即便对方当事人通过错误说明的途径恶意骗取公告送达,亦不能提起无效之诉,⑧ 因此学者建议,未来应当在不满足公告送达的法定前提要件的情形和当事人未获知诉讼无过错的情形允许其提起再审之诉。⑨

---

① MüchKomm/Braun, Fn. 7, § 579 Rn. 12.
② BeckOK ZPO/Fleck, Fn. 6, § 579 Rn. 3. 如果当事人例如在起诉时有精神疾病但后来有了民事行为能力,他通过继续实施程序追认了此前的行为,甚至也可在既判力发生之后追认此前的行为。如果当事人在诉讼过程中出现精神疾病,他向诉讼代理人出具的授权仍然发生效力,从而也不能提起无效之诉,但如果当事人未委托诉讼代理人并且在其已出现精神疾病时针对他发布了判决,此时就可以提起无效之诉,详见 Zöller/Greger, Fn. 5, § 579 Rn. 8.
③ Zöller/Greger, Fn. 5, § 579 Rn. 8.
④ Musielak/Musielak, Fn. 2, § 579 Rn. 8.
⑤ 不同见解参见 MüchKomm/Braun, Fn. 7, § 579 Rn. 18:严格依照法条措辞,"未依法代理"并不包括"为或针对不存在的当事人发布判决"的情形,这例如指未由诉讼代理人代理的当事人在诉讼过程中死亡而其又被判败诉、有限责任公司被解散后业务执行人继续为公司进行诉讼并获得判决、协会的全体成员已经离开但仍然为或针对该协会发布判决的情形。在此情形,判决无效力,不构成执行名义。依照主流观点,"不存在的当事人"的对方当事人可以类推适用第579条第一款第四项提起无效之诉,并以此方式从形式上撤销判决;但是否可以为了"不存在的当事人"提起无效之诉,存在争议。如果第三人将会面临责任威胁,应当允许该第三人提起无效之诉。
⑥ Musielak/Musielak, Fn. 2, § 579 Rn. 6; Zöller/Greger, Fn. 5, § 579 Rn. 6.
⑦ BeckOK ZPO/Fleck, Fn. 6, § 579 Rn. 7.
⑧ Musielak/Musielak, Fn. 2, § 579 Rn. 7.
⑨ MüchKomm/Braun, Fn. 7, § 579 Rn. 21.

(2) 恢复原状之诉的理由

恢复原状之诉的理由指向了判决基础不正确甚至明显伪造的情形。换言之，裁判基础受到某种的方式动摇，以至于强迫相关当事人维持判决不正当。① 这主要涉及诉讼结果受到刑事行为的影响（第 580 条第 1 项到第 5 项）、特定的判决基础消失（第 580 条第 6 项）和判决基础与高质量的书面证据手段相矛盾（第 580 条第 7 项）等情形。原则上仅第 580 条列举的理由可引发恢复原状之诉，不过部分理由被扩张解释，但法律观点的变更（例如联邦最高法院宣告某项规范无效）无论如何不构成无效之诉的理由。② 如前所述，恢复原状之诉具有辅助性，必须满足"当事人未在此前的程序中主张并非出于过错"这一要件，而且就恢复原状之诉理由还必须审查"因果关系"要件，也即发生既判力的终局判决是否建立在恢复原状的理由的基础之上。

第一大类恢复原状理由被规定在第 580 条第 1 项到第 5 项，这主要涉及当事人故意或过失违反宣誓义务、伪造文书、证人或鉴定人违反宣誓义务、对方当事人及其代理人或当事人的代理人实施应受刑法处罚的行为、法官违法职务义务这五种情形。这些刑事行为必须与判决之间存在因果关系。如果不存在恢复原状的理由的话将不排除作成另外内容的判决，就应当认定刑事行为与待撤销的判决之间存在因果关系；仅当伪造的证据手段明显不对裁判发生任何作用时才否认两者之间存在因果关系，例如法官在裁判理由中阐明他并不遵循伪造的证据手段或者其确信建立在其他证据手段的基础之上。③

在第 580 条第 1 项列举的理由中，并不取决于对方当事人违反宣誓义务是涉及案件的边缘还是中心议题，而且也不取决于刑事行为是已经完成还是仅属于未遂。④ 在第 580 条第 2 项有关文书伪造的情形，何人伪造了文书、伪造的目的如何以及当事人是否知情，均无关紧要，但判决必须建

---

① Musielak/Musielak, Fn. 2, § 580 Rn. 1.
② 有学者建议扩大恢复原状之诉的理由，例如针对预期裁判也即对未来发生效力的判决（例如未来给付、不作为、确认）中的瑕疵，也建议未来允许提起恢复原状之诉，但这一建议遭到批评，因为对此判决可适用第 323 条规定的变更之诉。此外，也有学者建议将科学技术的发展作为无限期的恢复原状理由，亦遭到批评，主流观点认为这将会极大损害既判力制度所追寻的法安定与法和平，详见 Zöller/Greger, Fn. 5, § 580 Rn. 2.
③ Musielak/Musielak, Fn. 2, § 580 Rn. 3.
④ BeckOK ZPO/Fleck, Fn. 6, § 580 Rn. 7.

立在伪造的文书的基础之上。① 在涉及第580条第3项的情形，翻译人员视为鉴定人，其违反宣誓义务的刑事行为也构成恢复原状的理由。② 如果判决理由仅引用了证人证言或者鉴定意见，这并不构成判决基础；证人证言或鉴定意见必须单独或与其他证据调查、其他程序的结果一道为裁判提供了支持。③ 即便证言在前一程序中作出，只要后来的判决建立在该证言的结论之上，亦足以构成恢复原状的理由。④

第580条第4项所称的"当事人或代理人的可被刑事处罚的行为"包括满足《德国刑法典》要件构成的一切行为，例如欺诈、胁迫、以迟误期日为目的剥夺自由、背信弃义、背叛当事人等；此外，骗取公告送达和当事人有意为不真之主张，也属于诉讼欺诈。⑤ 如果当事人因刑事行为撤回（Rücknahme）上诉或舍弃上诉，也可撤回（Widerruf）此项表示从而恢复原程序；如果未这样做，当事人不再能主张恢复原状之诉。⑥ 第580条第5项规定的刑法构成要件主要涉及受贿和枉法（《德国刑法典》第334条和第336条），但也可能涉及文书伪造和胁迫；不过，单纯的违反纪律或者违反秩序尚不足以引发恢复原状之诉。⑦ 何谓枉法（Rechtsbeugung），取决于客观上看是否作成了站不住脚的裁判。⑧

依照第581条第1款，在以前述五项理由提起恢复原状之诉的情形，须存在已经发生既判力的刑事判决。这属于提起恢复原状之诉的合法要件，除非因证据不足以外的原因未开启或继续刑事程序；至于刑事宣判的形式并不重要，刑罚处罚决定也足够。⑨ 在是否宣判这一问题上，刑事裁判书拘束民事法官，但在回答"是否实施了刑事行为"这一问题上，民事法官并不受刑事法官之确认的拘束。⑩ 也即民事法官在审查恢复原状之诉是否有理由的时候必须自行审查：刑事行为是否存在，刑事判决书仅是一

---

① Zöller/Greger, Fn. 5, § 580 Rn. 9; BeckOK ZPO/Fleck, Fn. 6, § 580 Rn. 9.
② Zöller/Greger, Fn. 5, § 580 Rn. 10.
③ Zöller/Greger, Fn. 5, § 580 Rn. 10.
④ Saenger, Fn. 21, § 580 Rn. 3.
⑤ Zöller/Greger, Fn. 5, § 580 Rn. 11.
⑥ Zöller/Greger, Fn. 5, § 580 Rn. 11.
⑦ Zöller/Greger, Fn. 5, § 580 Rn. 12; BeckOK ZPO/Fleck, Fn. 6, § 580 Rn. 14.
⑧ MüchKomm/Braun, Fn. 7, § 580 Rn. 35.
⑨ Musielak/Musielak, Fn. 2, § 581 Rn. 2.
⑩ Musielak/Musielak, Fn. 2, § 581 Rn. 5.

种间接证据。① 学界一致认为，第581条第1款的规定在系统上不兼容、在法政策学上有错误，这反映了立法者最初希望民事法官在证据评价上与刑事法官保持一致的原始思想，故学者建议为着法安定和实用性的考量未来应当尽快删除第581条第1款。②

  第580条第6项到第8项的理由分别涉及作为判决基础的判决被撤销、找到判决或文书、欧洲人权法院已确认违反了《欧洲人权公约》且判决建立在该项违法基础之上这三种情形。从法律措辞出发，这三项理由也要求因果关系存在。首先，撤销前判必须造成被提起再审的判决丧失基础这一后果：如果被提起再审的原判决的事实认定或者法律评价受到了被撤销的裁判的影响，应当认定存在因果关系；相反，并不要求被撤销的裁判对于被再审的原判有拘束力例如实质既判力，只要被再审的原判决的证据评价建立在被撤销的裁判的证据评价基础之上即可。③ 此外，被撤销的判决必须是就相同当事人之间的同一案件作成的判决或者既判力扩张到再审的当事人，并且该判决先于被再审的原判决发生既判力。④

  第580条第7项中的文书作广义理解，可以包括文书的复印件和与文书类似的具备思想内容的电子文档之复件，但不包括照片、录音资料和类似的勘验标的；而且，文书必须清楚地反映了被提起再审的原判决与实体权利状况不符。⑤ 文书必须在原审的最后一次言词辩论结束时已经存在，或者在一审判决宣告后但在控诉期间届满前制作，⑥ 但该文书在原审主诉中却不可被利用，这或者因其尚未存在、不知下落、当时因其对裁判的显著性而不可被评价等原因造成，总之不可被利用不因当事人的过错引起；

---

① Saenger, Fn. 21, § 581 Rn. 5.
② Vgl. BeckOK ZPO/Fleck, Fn. 6, § 581 Rn. 9.1; MüchKomm/Braun, Fn. 7, § 580 Rn. 12.
③ Musielak/Musielak, Fn. 2, § 580 Rn. 4.
④ Zöller/Greger, Fn. 5, § 580 Rn. 14. 如果并非先决判决而是与先决判决的理由相同的另外一个案件的裁判被撤销，或者如果当事人在分立的平行诉讼中提起交互的请求权，其中一个判决被上告审撤销而另外一个判决发生既判力，均不意味着因果关系存在，详见 Musielak/Musielak, Fn. 2, § 580 Rn. 4。
⑤ Zöller/Greger, Fn. 5, § 580 Rn. 16.
⑥ 最后一次言词辩论之后制作的文书，并不引发恢复原状之诉，缘由在于这样的文书不属于事实审法官在其裁判时原本必须考虑的证据手段，因此前诉结束之后发布的刑罚处罚令或遗产继承证书等不能构成恢复原状的理由。例外情形下，如果最后一次言词辩论之后制作的文书对过去的事实进行证明例如出生证明、入籍证明，可以构成恢复原状之诉的理由，但事后的"亲父关系之认诺"并不足以启动恢复原状之诉，详见 Zöller/Greger, Fn. 5, § 580 Rn. 16。

如果事后找到了前诉中知晓其内容的文书原件，并不能引发恢复原状之诉。① 当事人对自己没有过错承当证明责任。此外，文书必须适合引发有利的诉讼结果，也即如果呈交给前诉的法官，其原本会作成一个对再审原告更为有利的裁判。② 同样，新的鉴定意见不属于第 7 项规定的范畴，即便其对新的科学知识进行了评价亦然。③

2. 法官对理由的审查

原告应当对其所主张的再审理由之存在承担证明责任。但是，为了证明恢复原状理由而必要的所有事实以及证明当事人未及早提起该理由非因过错的事实，不能通过申请讯问当事人（第 446 条以下）的途径证明（第 581 条第二款），④ 这主要是为了防止双方当事人试图通过合意以消灭发生既判力的裁判。⑤ 但是，法院可以依职权命令讯问当事人，并且对恢复原状理由之外的问题也允许申请讯问当事人。⑥ 对再审理由的审查，由法院依职权进行，这是因为维持发生法律效力的法院之裁判代表着一种公共利益，因此认诺和自认不发生拘束力，而是由法官自由评价。⑦

五、重审程序的建构

如果再审理由存在，就进入到第三个审查阶段——重新对主诉进行审理阶段（第 590 条第 1 款）。虽然从理论上可将再审程序分为合法性审查、有理性审查和重新审理这三个阶段，但法院却不必僵化地分离这三个阶段，而是可以在一个统一的程序中集中进行这三项审查。⑧ 依照第 590 条第 2 款，法院可以命令在对主诉审理之前对再审程序的合法性和理由进行审理和裁判，在此情形对主诉的审理视为对再审程序的有理由与合法性审理的延续（第 590 条第 2 款）。如前所述，如果法院得出再审之诉合法和

---

① Zöller/Greger, Fn. 5, § 580 Rn. 23ff..
② 此外值得注意的是，也可随同第 580 条第 7b 项的理由提起新的事实主张，但前提条件是该主张与文书所证明的事实存在关联，并且只能由此方可得到充分的陈述。由此一来，在满足这一条件的情形下，也可以对前诉中无争议的事实进行争辩，详见 Zöller/Greger, Fn. 5, § 580 Rn. 27。
③ Zöller/Greger, Fn. 5, § 580 Rn. 21.
④ Saenger, Fn. 21, § 581 Rn. 6.
⑤ Musielak/Musielak, Fn. 2, § 581 Rn. 6.
⑥ Saenger, Fn. 21, § 581 Rn. 6.
⑦ Musielak/Musielak, Fn. 2, § 585 Rn. 3.
⑧ Musielak/Musielak, Fn. 2, § 590 Rn. 1.

有理的结论，可以作成中间判决并宣布撤销原判，但也可以在主诉裁判理由中对此作出裁判；如果再审理由仅涉及部分判决，则只要满足发布部分判决的条件，撤销也仅限定在这部分判决上。① 撤销判决追溯既往的发生效力，自发布被撤销的判决时就发生效力。② 基于被撤销的原判所为的给付，应当返还；此项不当得利请求权可类推适用第 717 条第 3 款，而且该请求权也可以在再审之诉中以中间申请的途径主张之，但是就此并不存在第 717 条第 2 款规定的损害赔偿请求权。③ 如果离婚判决被撤销，原来的婚姻重又恢复，并有可能造成重婚现象。④

如果在上告法院（联邦最高法院）提起了再审程序，该法院仅应当对再审之诉的合法性和有理由性作成裁判，而在这两项审查得出肯定结论时应当通过中间判决的形式撤销原判，发回重审，缘由在于该法院虽然可以就再审之诉作出必要的事实认定（第 590 条第 3 款），但不能对主诉作成任何确认；仅当再审理由单纯涉及上告判决本身之时，上告法院才可对案件实体进行裁判。⑤

依照第 590 条第 1 款，重新审理的仅是涉及再审理由的那部分主诉，也即不必重复全部的审理过程，而是仅对有瑕疵的部分进行重新审理，这取决于部分审理在内容或功能上是否可分离；就此而言，法院应当在个案中审查：导致再审的瑕疵是否可通过重复特定的程序阶段得到消除，并判断重复该程序阶段是否不会影响到其他程序阶段。⑥ 在重新审理阶段，适用一般的程序规则，当事人可以提交新的主张和证据手段，可以变更或扩大诉求等；而且，由于重审导致程序恢复到原有状态，因此对此亦适用对原程序适用的程序规则，例如在再审原告是原审被告的情形，其可以提起反诉或者提起附带控诉等；对主诉进行重新审理的法院，不受原审法官的事实认定和法律观点的拘束。⑦

对主诉作成何等的新裁判，取决于言词辩论的结果。有观点认为，如果法院得出与前一裁判相同的结果，则在此前已经通过中间判决撤销原判

---

① Musielak/Musielak, Fn. 2, § 590 Rn. 2; Saenger, Fn. 21, § 590 Rn. 2.
② BeckOK ZPO/Fleck, Fn. 6, § 578 Rn. 7.
③ Saenger, Fn. 21, § 590 Rn. 5; BeckOK ZPO/Fleck, Fn. 6, § 590 Rn. 5.
④ BeckOK ZPO/Fleck, Fn. 6, § 578 Rn. 5.
⑤ Saenger, Fn. 21, § 590 Rn. 3; Musielak/Musielak, Fn. 2, § 590 Rn. 3.
⑥ BeckOK ZPO/Fleck, Fn. 6, § 590 Rn. 3.
⑦ Zöller/Greger, Fn. 5, § 590 Rn. 7f.

的情形必须重新发布此前的判决,否则宣告维持原判即可。① 但通说认为,不可对原判进行任何的维持或认可,任何时候都应该重新发布判决。② 针对处理再审之诉的法院作成的裁判,亦允许提起上诉(第591条)。③

---

① BGH NJW 93, 3140; Saenger, Fn. 21, § 590 Rn. 7.
② Musielak/Musielak, Fn. 2, § 590 Rn. 9; Zöller/Greger, Fn. 5, § 590 Rn. 16.
③ 针对联邦最高法院的判决,不容许提起上诉;但针对控诉判决原则上容许提起上告,或者上告法院应当许可针对这样的控诉判决提起"不许可抗告"(Nichtzulassungsbeschwerde);针对一审判决,如果达到必要的不服标的额或者许可控诉,也可以提起控诉,详见 Saenger, Fn. 21, § 591 Rn. 2。

美国法院纠正错误终局判决制度[*]

（一）美国联邦民事诉讼规则和司法实践

1. 联邦民事诉讼规则的规定

民事诉讼由一系列规范法庭审理案件的规则组成。该程序规则为适用实体法于实际纠纷提供系统化机制。美国联邦法院由三级法院组成，即地区法院、上诉法院[①]和最高法院。州法院体系由各州自行架构，包含下列四级法院中的几个或全部，即有限管辖权法院（如小额速裁法院）、普通一审法院、中级上诉法院以及终审法院[②]。由于美国联邦主义的政治架构，州法院可仅遵从其州的诉讼法，而不必然适用联邦法律。1938年，美国联邦最高法院根据美国相关法典（28 U.S.C. 2072）授予的立法权，制定了联邦民事诉讼规则（以下简称联邦规则）。该联邦规则原先为联邦法院系统设计使用，但后来大多数的州选择采用或效仿该规则，带来的效果是，联邦规则目前为美国大多数民事诉讼所采用的程序。[③] 基于联邦规则在美

---

[*] 节选自孙祥壮：《美国法院纠正错误终局判决及对我国的启示》，载《法律适用》2015年第7期。

[①] 全称为美国联邦第X（数字）巡回上诉法院，如联邦第四巡回上诉法院，设在弗吉尼亚州的里士满。

[②] 截至2011年，有40个州采用两级上诉制，即有上诉法院和最高法院；10个州加哥伦比亚特区采用一级上诉制度，没有中级的上诉法院。当然，州内还包括其他特殊目的的法庭。See Ron Malega and Thomas H. Cohen (2013) *State Court Organization* 2011, Bureau of Justice Statistics, U.S. Department of Justice, retrieved from http://www.bjs.gov/, last visit on Nov. 13, 2014.

[③] See John H. Langbein (2012) *The disappearance of civil trial in the United States*, 122 Yale Law Journal 522, at p 541. 该规则已经发挥影响至联邦法院之外，根据统计目前50个州中有35个州已经选择该规则适用其民事诉讼，因而在周礼代理案件的律师会发现这些州的民事诉讼程序相似或等同于联邦民事诉讼规则。See also Stephen C. Yeazell (2008) *Federal Rules of Civil Procedure: with selected statutes and other materials*, Wolters Kluwer Law & Business, at p xiii.

国民事诉讼中的巨大影响力,研究和探索该规则的重新审判程序将有助于我们进一步了解美国类似制度的主流脉络。

美国重新审判的动议(或申请)是对已经审判的案件请求再次审理。① 因之,类似我国的再审程序。联邦规则的第七章规定了类似的对终局错误判决予以救济的程序。正如我国民事诉讼法以及其他国家民事诉讼法所规定的一样,该规则第60条(a)以及第61条明确规定笔误和无害错误并不是申请重新审判的理由。但在第59条中,该规则规定,如果判决形成之后的28日内,② 当事人可以两种理由申请重新审判。具体规定为,"法院可根据申请,对下列案件的全部或部分当事人的全部或部分争点作出重新审判的决定:(A)在陪审团审理的诉讼中,重新审判的理由是从前被美国联邦法院在诉讼中根据普通法所承认的任何理由;或者(B)在非陪审团审理的诉讼中,重新审理的理由是从前由美国联邦法院在诉讼中根据衡平法予以认定的任何理由。"③ 在第60条(b)中,该规则明确规定,在终局判决、裁定形成之后的一年内或者合理的期限内,当事人可以六种理由申请纠正错误判决、裁定。具体规定为,"根据申请和正当的条件,法院可以以下理由给予当事人或其法定代理人以终局判决、裁定或程序的救济:(1)错误、疏忽、突袭或可原谅的过失;(2)新发现的证据,这些证据是在依据本规则第59条(b)规定申请重新审理期间内,即便相当注意也不能发现的新证据;(3)欺诈(无论规则前文称之为内部的还是外部的)、虚假表示或者对方当事人的其他不良行为;(4)判决无效;(5)判决被履行、被放弃或被解除。或作为判决基础的前一判决已被推翻或撤销,或该判决适用于将来会不公平;(6)其他任何救济判决的正当理由"。④ 上述纠错条文体现了法院作为司法机构的正直和诚信,并表明其有能力管理自身

---

① See Joseph W. Glannon (2009) *The Glannon guide to civil procedure: learning civil procedure through multiple - choice questions and analysis*, Wolters Kluwer Law & Business, 2nd edition, at p 442.

② 自2014年12月1日起,该期日由原先的10日修改为现行的28日。

③ 一些学者认为第59和60条均提供裁判的救济程序。See Joseph W. Glannon (2009) *The Glannon guide to civil procedure: learning civil procedure through multiple - choice questions and analysis*, Wolters Kluwer Law & Business, 2nd edition, at p 441. 一些学者认为第59条的救济与第60条动议的救济是不同的. See David C. Hricik (2011) *Mastering civil procedure*, Carolina Academic Press, 2nd edition, at p 563. 本文研究中,作者认为两款均为对生效裁判不服提供的救济方法。

④ 参阅吴如巧:《美国联邦民事诉讼规则的新发展》,中国政法大学出版社2013年版,第265~267页。

事务。①

（1）再审理由。再审理由是重开判决之门的钥匙。第59条（a）（1）包括法律以及衡平两类理由。第60条（b）包括事实错误和程序错误的六个理由。

（2）启动方式。第59和60条规定了基于当事人的申请和依职权②重新审判两种方式。

（3）申请时限。第59条规定了基于法律和衡平理由的，28日内提出，意在提供快速的救济通道；第60条规定了依第1、2、3项理由申请的，须在判决形成后一年内提出，第4、5、6项理由的，须在合理期限内提出。

（4）管辖法院和法官。没有法律规定，但基于美国一审法院处理认定事实的职责分工，该申请一般由原一审法院的同一法官处理。美国的逻辑是，如果主审法官未通过重新审判纠正其自身造成的错误，当事人很可能诉诸费事耗力的上诉来解决问题，很可能在得到公开的判决书中推翻其裁判。没有法官愿意被别人推翻自己的判决，因而基于各种原因考量，如果当事人说服该判决存在可推翻的错误时，该法官会主动采纳建议并重新作出裁判。③

2. 美国的司法实践

在美国，重新审判案件数量相较于其整体案件量来说，比例非常小。根据最新的联邦法院数据，2014年联邦地区法院一审民事案件受理数为303820件，比2013年283087件上升了12%。以2004年开庭审理数3951件为例，占联邦一审受理案件数的1.7%。④ 近年来联邦法院开庭审理案件呈下降趋势，即便案件总数有所上升，故其开庭数估计也会少于5000件。

---

① Henry Brownstein (2005) *Rule 60 (B): a rule suitable for a sua sponte motion*, 15 Boston University Public Interest Law Journal 153, at p 165.

② 申请依职权启动是指重新审判是基于法院的意志或者说不是基于当事人动议的原因。尽管不同巡回上诉法院理解第60（b）条是否存在依职权启动问题上存有分歧，但许多学者分析称，从上下文中能得出规定了依职权方式。For more discussion, see Henry Brownstein (2005) *Rule 60 (B): a rule suitable for a sua sponte motion*, 15 Boston University Public Interest Law Journal 153.

③ See Joseph W. Glannon (2009) *The Glannon guide to civil procedure: learning civil procedure through multiple-choice questions and analysis*, Wolters Kluwer Law & Business, 2nd edition, at p 442.

④ Marc Galanter (2006) *Symposium: a world without trials?* 2006 Journal of Dispute Reselution 7, at pp 7-8. 类似的研究表明，联邦法院约1.8%的民事案件经开庭审理解决纠纷。See Marc Galanter (2004) *The vanishing trial: an examination of trials and related matters in federal and state courts*, 1 Journal of Empirical Legal Srudies 459, at pp 462-463.

州法院是大多数民事案件处理之地，2005年通过陪审团或法官开庭审理的普通民事案件（包括侵权、合同和不动产纠纷）约为26960件，仅占其处理的740万件民事案件中的很小比例。① 尽管没有其他民事案件开庭审理数，有关研究表明州法院开庭审理的案件数占所有民事案件数低于1%。② 因而，可以相对保险地推测，每年美国联邦法院以及州法院开庭审理案件的总和应当低于8万件。重新审判案件作为纠错的特别补充程序随之也使用得非常少。根据杜克大学斯蒂芬·萨切斯（Stephen Sachs）教授介绍，司法实践中动用重新审判的案件极少，相比之下，第59条及时救济条款比第60条要用得多，由于没有这类案件的统计数据，他估计不多但也不会低于1000件。导致该结果有下列原因：

一是该规则第60条本身具有较为明确的语言表述且能够被严格遵照执行。该规定实际比之直白语言的内涵赋予了更少的权力来纠错。除了第60条（b）（6）中"任何其他能救济的理由"以及第60条（c）中"在合理期间内"，表述的有些含糊，其他表述均十分清晰。为了避免裁判没有终局性，第60条（b）被限缩性解释，且法官能够严格适用该规定。比如，当存在新证据能重开判决的，当事人在此情形下必须证明该证据将导致不同的裁判结果。③

二是联邦规则自1938年生效以来一直致力于查明事实。对于当事人而言，民事诉讼体系有两项职能：查明事实和裁判纠纷。从司法实践角度看，几乎在所有情形下均是查明事实第一位，裁判第二位。通过创建审前会议、简易判决以及后来引入的发现程序，联邦规则使当事人在开庭审理之前能够获取证人证言、书证以及当事方和目击证人的宣誓证言。该规则克服了一直困扰普通法程序中固有的主动调查取证不足的问题。

三是美国民事诉讼中开庭审理数消失趋势也导致了更小数量的重新审判案件。调取和查明证据的程序越好，就越能提升和解（settlement，区别

---

① See Lynn Langton and Thomas H. Cohen (2009) *Civil bench and jury trials in state courts* 2005, Bureau of Justice Statistics, U. S. Department of Justice, retrieved from http://www.bjs.gov/, last visit on Nov. 23, 2014.

② See highlight and p 524. John H. Langbein (2012) *The disappearance of civil trial in the United States*, 122 Yale Law Journal 522.

③ David C. Hricik (2011) *Mastering civil procedure*, Carolina Academic Press, 2nd edition, at p 565.

于调解）解决纠纷并由此减少了审判依赖。[1] 联邦规则使得几乎所有案件无须开庭审判就已经达致和解或化解。自1930年代以来，民事案件开庭审判的比例已经从20%下降至联邦法院低于2%和州法院低于1%。[2] 美国还有发展完备的替代性纠纷解决机制（ADR），使得纠纷解决在法庭之外。越少的开庭审判案件，带来越少的重新审判申请。

---

[1] See John H. Langbein（2012）*The disappearance of civil trial in the United States*, 122 Yale Law Journal 522.

[2] 参见前注的内容提要部分。See Highlight, ibid.

日本民事再审程序*

2. 再审

再审是指对于法院已经确定的终局判决,当事人提出请求撤销原判决,并对案件重新审理的不服申请。当事人提出的进行再审的诉讼即为再审之诉。在日本,再审属于"极致之举",全国民事再审案件每年一般为350件至500件。

(1) 管辖 (340条)。再审之诉专属于作出声明不服的判决的法院管辖;不同审级的法院对同一案件作出判决的再审之诉,由上级法院合并管辖。

(2) 事由 (338条)。包括诉讼程序存有瑕疵 (绝对的再审事由)、作为判断基础的诉讼资料具有重大瑕疵以及判决本身具有重大瑕疵等三类共十项事由。

(3) 审查。仅能对判决提出再审之诉,诉讼上的和解不属于此范围,第三人异议之诉通过对债权人提起请求不准许强制执行的诉讼解决 (民事执行法第38条);一般应当在知道事由的30日不变期间内提出、不得超出5年绝对期间;提出主体一般为 (败诉) 当事人或者相关诉讼担当人;至少十项事由之一且不存在控告、上告期内知道而不主张或主张过该事由的情形;合格的再审诉状。缺少上述一项要件的,应当裁定驳回 (345条)。经审查,没有再审的事由的情况下,裁定驳回再审请求。上述两种驳回情况的,当事人可以提出即时抗告,但不得以同一事由再次提出再审之诉。

(4) 再审之诉的审理与判决。经审查,认为存在再审事由时,应当在询问对方当事人的基础上作出开始再审审理的裁定,当事人对于该裁定可以提出即时抗告。进入再审审理后,对于事由不成立的,驳回再审的请

---

* 节选自孙祥壮:《日本民事诉讼法:变迁与修订》,载《中国审判》2008年第3期。

求；认为事实错误或者适用法律不当的，应当撤销原判决后作出新的判决。

评估与启示

中日文化传统有着较多的相似之处，日本作为东方社会的一员，利用民事诉讼解决社会纠纷和矛盾的经验和教训，值得参鉴的主要有以下几点：

1. 充分利用各程序对案件的分流处理

在日本，进入诉讼审判程序之前，约有一半纠纷已经调停解决。诉讼审判程序是比较昂贵的程序，对于一些小额和简易纠纷，或者当事人可以通过协商解决的，应当通过适当程序予以分流。同时，由于一审、二审程序比较完善，进入后程序的案件明显下降。由于上告审制度的存在，对于违反程序法以及宪法和其他法律不服的审理，既统一了法律适用，又分流了案件进入作为特殊救济的再审程序。因此，各级法院职责明确且分工配合很重要。

2. 实行比较彻底的当事人主义

在力求分清当事人与法院各自任务的前提下，充分赋予当事人行使权利，让当事人参加一切重要程序，并且调动当事人的积极性收集证据。通过充分程序确保当事人参与诉讼后，应当推行当事人诉讼上的责任自负。至于当事人诉讼能力不足等问题时，吸取过多职权主义诉讼模式的教训，尽量不通过赋予公权力职权，而是通过完善其他配套制度来弥补上述诸问题。

3. 立法上的经验和教训

日本在法制现代化之初，也存在着立法过分超前导致不适应国情的教训，"尽管当时的日本生活中广泛地遗留着与'近代'要素无缘、非常落后的一面，但读到那些法典，就好似当时的日本无异于当时最发达的资本主义国家"；[①] 二十世纪八十年代也存在立法滞后不适应社会变革的教训。他们认识到，由于各国均有自己国度的诉讼实务基础，所以必须在很好理解本国民事诉讼制度的基础上，理解外国相关制度；在理论上需要整合一些国家的先进规定，慎重考虑可能不符合国情的制度的确立；法院、律师协会以及公众、团体的相互理解和参与很重要。这些也是值得借鉴的。

---

① [日] 川岛武宜：《现代化与法》，申政武等译，中国政法大学出版社 1994 年版，第 131 页。

关于日本民诉法第三审和再审的相关问题*

池田辰夫

1. 第三审的事由（第 312 条）和再审的事由（第 338 条）中有重复内容，应该如何理解？是否可以认为，在日本，再审也关系到法律的适用问题？

认为两项事由（绝对性的第三审理由和再审理由）有重复之处的看法是正确的。可是，因上告产生的问题，不承认是再审诉讼，而是将此称为再审的补充性（第 338 条第 1 项但书）。两者在对原判不服这一点上有共同之处，这是因为对于同一事由没有必要给予双重主张的机会。

例如，在实体法的适用方面有过错时，即使是上告事由，也不承认是再审事由。此类案件，当事人可以通过上诉，在上诉审理中进行辩论，或者根据变更判决（民事诉讼法第 256 条）制度，由作出判决的法院在一周时间内，通过作出纠正法律适用错误的判决（当事人可以促使法院采取这种措施），自行改正判决。此外，在违反宪法方面也是不承认再审的。在诉讼法适用错误时，只有在违反诉讼程序方面有重大瑕疵的特定事由的情况下，才承认是再审事由。

2. 在中国，由于没有设立第三审的制度，所以，实际的法律适用问题或者法律与事实纠缠不清的问题，要通过再审程序解决。在实际的争议解决中，对于第三审的作用，应如何评价？

日本在引入近代司法制度，至少是从 1890 年以来，一直都采用三审制。即使与世界各国的制度相比较来看，这一制度也是有优越性的。中国采用的是二审制，可以说是包括再审在内的实质上的三审制，这一制度或许可以说结果上给再审带来较多的负担。

---

* 2008 年 3 月 27 日～28 日全国人大法工委与日本国际协力机构联合在北京召开民事诉讼法国际研讨会的会议材料。

在日本，第三审属于法律审。基本在第三审中不进行事实审。对于事实的认定，是进行事实审的第一审及第二审的专权事项。因此，第三审所发挥的作用是对司法解释的统一和由此产生的当事人的权利救济。

这种制度设计，可以说总体上发挥了很好的作用。

3. 在第三审中高等法院和最高法院的职责分工是什么？

对于第一审由简易法庭、第二审由地方法院审理的诉讼案件，第三审应由高等法院审理（民事诉讼法第 311 条，法院法第 16 条 3 号）。对于第一审由地方法院、第二审由高等法院审理的诉讼案件，第三审应由最高法院审理（民事诉讼法第 311，法院法第 7 条 1 号）。第一审是由简易法庭还是由地方法院审理，要根据案件诉讼额是否超过了 140 万日元来决定（参照法院法第 33 条第 1 款 1 号）。

尽管作为第三审同样都是法律审，但最高法院是唯一的，而高等法院在全国有数所之多。即使从这一观点来看，在统一司法解释方面，最高法院是最具优势的。

那么，即使第三审是由高等法院审理，此审的判决只有在违反宪法的情况下，才允许进一步向最高法院提出特别上告（民事诉讼法第 327 条第 1 款）。如日本国宪法第 81 条规定的那样，这一规定的依据是最高法院是拥有违宪立法审查权的终审法院。

4. 对于第三审理由中的"违反公开口头辩论的规定"，应该如何理解？除"违反专属管辖规定"外，是否还有其他违反管辖的问题？

在诉讼案件的审理违反公开主义（日本国宪法第 82 条第 1 款）时，可作为上告的理由（民事诉讼法第 312 条第 2 款第 5 号）。其中有两种情况。一种是违反宪法第 82 条，没有公开进行口头辩论的情况。另一种是违反停止公开程序的情况（法院法第 70 条）。

口头辩论是否公开了，只有口头辩论记录才能证明（民事诉讼法第 160 条第 3 款）。

违反任意管辖不成为上告的事由（参照第 299 条第 1 款）。

5. 在日本，对于部分当事人的诉讼能力不强的问题，是如何考虑解决的？为什么不考虑首先根据法院的职权来帮助解决问题？

所提问题中所说的"诉讼能力"是什么意思，单从字面上看不大好断定，但是，它好像也是在问当事人实际的诉讼完成能力（追诉能力）。的确，日本现行的民事诉讼制度对职权主义是有限定的，虽然对于口头辩论等期限内的诉讼程序的进行采用职权探知主义，但是基本上是依据当事人主义的。其根据是诉讼对象的民事纠纷具有私人的性质。在此条件下，法院是限制职权介入的。诉讼中辩论的好坏基本上可以说是自己的责任。

但是，在实际工作中，假如一方当事人有律师，而另一方当事人是自己进行诉讼行为时（称为本人诉讼），很明显当事人之间在诉讼技术方面存在力量差距。在此情况下，法院通过行使释明权（民事诉讼法第149条）予以特别关注，避免因双方当事人之间的诉讼能力差距作出不恰当的判决。这就是人们所期待的法院的监护作用。

然而，"诉讼能力"原本是法律专用术语。在老龄化日益加重的日本社会，在完善成年人监护制度等方面，此类问题更具有现实意义。

诉讼能力是诉讼行为的有效要件，在诉讼的提起是否有效方面也是诉讼要件。诉讼要件是本案作出判决的前提条件。那么，对是否具备诉讼要件的判断，在多数情况下即使当事人没有提出，也要依据职权进行（职权调查事项）。

6. 各级审判机关是否都受理再审诉讼案件？每年的受理件数通常有多少？

在日本，基本上再审案件的提起并不显得很常见。倒不如说是例外情况。

参照《中国民事诉讼法和仲裁法完善项目2008年3月现地研讨会统计相关资料》第1部分

第1　关于再审统计

【全国人民代表大会提问事项1-6各级审判机关，每年大约受理、处理多少再审案件？】

根据最高法院对前一年度的司法统计，以1.民事和行政、2.刑事、3.家事、4.少年四大类分别发行的《司法统计年报·1.民事和行政篇2006》记载具体数字如下。（"第○表"，为该统计年表中表格的编号）。

下述"年"，是指每年的4月1日开始至下一年的3月31日为止的期间。

1. 1997年至2006年十年间新受理案件的推移（第1-2表）

关于再审案件，分列为"再审（诉讼）""再审（抗告）"。

(1) 最高法院

①再审（诉讼）的新受理案件数

1997年为民事案件166件，行政案件54件，合计220件。

通过修订民事诉讼法，1998年开始执行上告受理制度，上告受理开始增加，与此相反新受理案件有所减少，2000年以后民事案件减少到20多件，行政案件减少到10件以下并以同样的趋势逐步推移，至2006年民事案件为16件，行政案件为0件，减少到了原来的1/14左右。

②再审（抗告）的新受理案件数

由于是关于程序的抗告，因而没有受到上告受理制度的影响。

1997年为民事案件191件，行政案件14件，合计为205件。

以后均处于持续上升的趋势，2006年为民事案件321件，行政案件61件，合计为382件，是1997年1.9倍左右。

(2) 高等法院

①再审（诉讼）的新受理案件数

1997年为民事案件261件，行政案件31件，合计为292件。

之后民事案件有增有减，但一直呈持续小幅上升的趋势，2006年为352件，行政案件虽持续波动但基本持平，为32件，合计为384件，是1997年的1.3倍。

②再审（抗告）的新受理案件数

1997年为民事案住76件，行政案件5件，合计为81件，但均呈现持续增加的趋势，2006年为民事案件318件，行政案件24件，合计为342件，是1997年的4倍。

(3) 地方法院

①再审（诉讼）的新受理案件数

1997年为民事案件126件，行政案件5件，合计131件。

民事、行政案件均呈小幅上升的趋势，至2006年为民事案件226件，行政案件10件，合计为236件，增加了约1倍。

②再审（抗告）的新受理案件数

1997年为民事案件14件，行政案件0件，合计为14件。

均呈小幅上升的趋势，至2006年为民事案件34件，行政案件2件，合计为36件，是1997年的2.6倍。

(4) 简易法庭

简易法庭不受理行政案件，仅受理民事案件。

①再审（诉讼）的新受理案件数

1997年为民事案件26件，以后一直在20~30件之间徘徊，2006年为29件，没有太大波动。

②再审（抗告）的新受理案件数

1997年为民事案件1件，以后在0~10数件之间波动，2006年仍为1件，没有太大变化。

2. 2006年度民事、行政案件的新受理、审结及未审结案件数

(1) 最高法院（第2表）

①再审（诉讼）的新受理、审结及未审结案件数

	民事案件	行政案件	合计
新受理	16件	0件	16件**1
审结**2	16件	1件	17件**3
未审结	4件	0件	4件**4

②再审（抗告）的新受理案件数

	民事案件	行政案件	合计
新受理	321件	61件	382件
审结	265件	59件	324件
未审结	158件	20件	178件

(2) 高等法院（全国8所高法+知识产权高法合计9所）（第3表）

①再审（诉讼）的新受理、审结及未审结案件数

	民事案件	行政案件	合计
新受理	352件	32件	384件**1
审结	345件	22件	367件**2
未审结	277件	35件	312件**3

②再审（抗告）的新受理案件数

	民事案件	行政案件	合计
新受理	318 件	24 件	342 件
审结	294 件	26 件	320 件
未审结	236 件	20 件	256 件

*8 所高等法院和知识产权高法共 9 所高法的具体数据如下所示。

①再审（诉讼）的新受理、审结及未审结案件数（民事、行政合计）

	东京	知识产权	大阪	名古屋	广岛	福冈	仙台	札幌	高松
新受理	126 件	4 件	122 件	39 件	14 件	47 件	16 件	5 件	11 件
审结	102 件	2 件	132 件	34 件	16 件	50 件	15 件	2 件	13 件
未审结	192 件	3 件	44 件	35 件	14 件	47 件	16 件	5 件	11 件

②再审（抗告）的新受理案件数

	东京	知识产权	大阪	名古屋	广岛	福冈	仙台	札幌	高松
新受理	114 件	0 件	172 件	16 件	13 件	19 件	9 件	1 件	3 件
审结	82 件	0 件	168 件	15 件	24 件	20 件	8 件	1 件	3 件
未审结	144 件	0 件	76 件	7 件	21 件	5 件	1 件	1 件	1 件

(3) 地方法院（全国 50 所）（第 4 表）

①再审（诉讼）的新受理、审结及未审结案件数

	民事案件	行政案件	合计
新受理	226 件	10 件	236 件 **1
审结	224 件	11 件	235 件 **2
未审结	82 件	4 件	86 件 **3

②再审（抗告）的新受理案件数

	民事案件	行政案件	合计
新受理	34 件	2 件	36 件
审结	35 件	4 件	39 件
未审结	10 件	2 件	12 件

*关于 50 所地方法院的具体数据，请参考司法统计年报第 4 表**4

（4）简易法庭（全国 438 所）（第 5 表）

*简易法庭不受理行政案件的再审。

	再审（诉讼）	再审（抗告）
新受理	29 件	1 件
审结	32 件	1 件
未审结	5 件	0 件

*50 所简易法庭的具体数据，刊载于司法统计年报第 5 表中的 50 所地方法院的不同管辖范围部分。

7. 日本的民事诉讼是如何处理事实问题与法律问题的？特别是对于证据的适用、对于多个纠缠在一起的不明确的案件，是如何明确区分的？

所提问题的意思稍微有点难以理解，但是作为证明对象的事实和法律是能够区分的。基本上证明问题是事实问题。法律问题是例外性问题，例如外国法律的证明问题等。

我想所提的问题可能是指，事实中往往包含有法律的评价和法律的价值判断等情况，在这种情况下的根据证据的证明中，能否清楚地区分事实问题和法律问题的意思。的确是这样，但是在此情况下，作为上告的事由也可以提出司法解释适用的问题。

8. 第三审和第二审的作用分别是什么？

第三审是法律审。具有纠正原审判决的司法解释错误的作用。第二审是事实审的终审（续审制）。第二审原则上具有明确事件中的事实关系的作用。

9. 日本最高法院的职能定位是什么？

最高法院负责对提起上告或特别抗告的个别案件作出最终判决。因此，我们期待最高法院应发挥的作用，就是谋求整个上告案件等的司法解释的统一，具有形成先例的作用。进而，还拥有对涉嫌违反宪法的法令等作出最终宪法判断的权限（违宪立法审查权）（参照日本国宪法第 81 条）。

此外，对于司法权的相关事项，最高法院具有规则制定权（日本国宪法第 77 条第 1 款）、司法行政权（法院法第 80 条［司法行政的监督权］）以及下级审判机关法官的提名权（参照日本国宪法第 80 条第 1 款）等。

中日民事诉讼法国际研讨会简报*

2008年3月27日、28日,法工委与日本国际协力机构联合在北京召开民事诉讼法国际研讨会。现将主要内容简报如下:

……

三、关于再审

(一) 第三审和再审

日本实行三审终审制,其第二审称为"控诉",第三审称为"上告",即当事人对简易法院的一审判决不服,控诉审是地方法院,上告审是高等法院;当事人对地方法院的一审判决不服,控诉审是高等法院,上告审是最高法院。对于高等法院的一审判决实行二审终审,其中对事实问题是一审终审,对法律适用及法律规定的一些程序问题,当事人不服的,可以向最高法院上告。

日本的三审(上告审)为法律审,即对原判决的法律适用错误进行救济。除此之外,也对以下程序问题进行救济,即当事人认为二审判决或高等法院的一审判决违反以下法定程序的,可以进行上告:(1) 没有依照法律规定组成审判组织的;(2) 根据法律规定不能参与判决的法官参与判决的;(3) 违反专属管辖规定的;(4) 对法定代理权、诉讼代理权或代理人为诉讼行为欠缺必要授权的;(5) 违反公开口头辩论的规定的;(6) 判决没有附理由或理由自相矛盾的。日本的三审法院之所以不审事实问题,是因为事实问题经过一审和二审已经给予了充分的救济,三审只解决法律适

---

* 节选自全国人大常委会法制工作委员会民法室编:《民事诉讼法:立法背景与观点全集》,法律出版社2012年版。

用问题和程序违法问题。此外，如果三审还要审理事实问题，会使诉讼极大拖延，日本民事诉讼法第 2 条所确定的原则就是公正与高效。

对终审判决可以提起再审之诉，根据日本民事诉讼法第 338 条规定，再审事由：（1）没有依照法律规定组成审判组织的；（2）根据法律规定不能参与判决的法官参与判决的；（3）对法定代理权、诉讼代理权或代理人为诉讼行为欠缺必要授权的；（4）参与判决的法官犯有与案件有关职务上的犯罪的；（5）依据他人在刑事上应处行为而自认或妨碍提出可以影响判决的攻击或防御方法的；（6）作为判决证据的文书或其他物件，是经过伪造或变造的；（7）以证人、鉴定人、翻译或经宣誓的当事人或法定代理人的虚伪陈述作为判决的证据的；（8）作为判决基础的民事或刑事判决及其他的裁判或行政处分，根据其后的裁判或行政处分而变更的；（9）对于能影响判决的重要事项遗漏的；（10）提出异议的判决与此之前确定的判决相抵触的。

日本的法院每年审理的再审案件极少，原因是：

1. 再审事由中没有"法律适用错误"，当事人认为判决存在法律适用错误的，都已在三审（上告审）中予以解决。

2. 三审（上告审）的事由与再审的事由存在一定范围的交叉，即没有依照法律规定组成审判组织的；根据法律规定不能参与判决的法官参与判决的；对法定代理权、诉讼代理权或代理人为诉讼行为欠缺必要授权的。根据日本民事诉讼法第 338 条规定，当事人已经在二审或三审中主张过以上事由的，不得再以上述事由提起再审。甚至如果当事人在二审或三审过程中明知以上事由而不主张时，也不能再以上述事由提起再审。例如，一方当事人在二审判决后获悉法官与对方当事人是直系亲属关系，而且此信息就是对方当事人告诉他的，但他没有以此事由进行上告（三审），在判决发生法律效力后，他以此事由提起再审，对方当事人可以向受理再审之诉的法院进行抗辩，以证明他在二审后明知法官没有回避的事由却没有提起上告，再审法院可以驳回他的再审之诉。

3. 再审事由的第四项至第七项，仅限于对这四项所规定的行为作出有罪判决的前提下，或者是出于证据不足以外的原因而没有作出有罪判决的情况。例如，某法官在审理案件时有受贿行为，但法院的刑事审判庭认为该行为情节显著轻微，不构成犯罪，从而没有追究该法官的刑事责任，但该法官在审理案件时的职务上的犯罪行为，也构成对该案的再审事由。

(二) 再审案件的管辖法院

日本民事诉讼法第340条规定，再审之诉专属于作出有关提出异议的判决的法院管辖。对于不同审级的法院对同一案件作出判决的再审之诉，由上级法院合并管辖。即再审之诉由作出生效判决的法院管辖，一审由于当事人没有上诉而生效的，当事人向一审法院提起再审；当事人对一审判决上诉的，如果上诉法院判决驳回上诉或者依法改判，则由作出生效判决的上诉法院管辖。

(三) 对再审之诉的审查

日本民事诉讼法第345条规定，再审之诉不符合再审事由或有其他不合法的情况下，法院以裁定的形式驳回再审请求，当事人不得以同一事由再次提起再审之诉。第346条规定，当事人的申请符合再审事由的情况下，法院作出再审开始的裁定。

(四) 再审结果

日本民事诉讼法第348条规定，再审案件的审理以当事人提出异议的范围为限。经过审理，认为当事人提出异议的判决正当时，驳回再审请求；认为当事人提出异议的判决确实存在法律规定的再审事由的情形时，撤销该判决，作出新判决。

日本的中间判决和再审制度[*]

10月11日至20日,全国人大常委会法工委民法室组团赴日考察日本民事诉讼法律制度。考察团与日本法务省、法学教学研究机构和法院的有关专家进行了交流和座谈,对日本民事诉讼中的证据制度、再审制度、调解制度、执行制度、小额诉讼制度与消费者团体诉讼制度等进行了深入研究。现将日本的中间判决和再审制度简报如下:
……

二、关于再审制度

再审,是当事人针对确定的终局判决,以诉讼程序存在重大瑕疵或者判决所依据的证据等存在重大缺陷为由,提起要求撤销该判决并重新审理案件的诉讼请求。设立再审与上诉制度的目的是一样的,一是给败诉当事人一次救济机会,二是在另一个法院进行纠错,保证法律适用的统一。

(一)再审事由

日本民事诉讼法第338条规定,有下列情形之一的,可以对终局判决申请再审:(1)法庭的组成不符合法律规定;(2)根据法律规定不能参与判决的法官参与了本案的判决;(3)代理权不合法;(4)参与判决的法官犯有与该案件有关的职务犯罪;(5)依据他人在刑事上应受处罚的行为提出了影响判决的相关证据;(6)法院依据伪造或者变造的文书或其他物件作出判决;(7)以证人、鉴定人等人的虚伪陈述作为判决的证据;(8)作为判决基础的民事或者刑事判决及其他的裁判或者行政处分后来被依法变

---

[*] 节选自全国人大常委会法制工作委员会民法室编:《民事诉讼法:立法背景与观点全集》,法律出版社2012年版。

更；(9) 法院遗漏了影响判决的重要事项；(10) 原审判决与其他的确定判决相抵触。

当事人可以分别根据不同的事由提起再审，但当事人在原审诉讼中已经以控诉或者上告主张上述事由或者明知有这些事由而不主张时，不能提起再审。由于上诉事由不能再作为再审事由，因此再审的提起十分有限。

(二) 提起再审的主体

1. 当事人

再审案件由当事人向法院申请提出，法院不能依职权提起再审。

2. 当事人以外的其他人

根据日本法律和最高法院判例，以下几类主体也享有再审的权利：一是原审诉讼口头辩论终结后的当事人的权利继承人；二是在判决效力及于第三人的情形下，享有判决确定利益的该第三人；三是被当事人进行的共同虚假诉讼所欺诈的第三人。

(三) 提起再审的期间

除以代理人欠缺代理权、原判决与之前的确定判决相抵触为理由提起再审的，以其他事由提起再审的，应当在知道该事由后30日内提出。再审事由发生在判决确定前的，必须在自判决确定之日起5年内提出；再审事由发生在判决确定后的，必须在自再审事由发生之日起5年内提出。

(四) 再审的管辖法院

当事人针对某一确定判决提起再审的，由作出该判决的法院专属管辖。当事人同一案件针对不同审级的几个法院作出的确定判决合并提起再审的，由它们的上级法院一并管辖。

(五) 再审法院的审理

1. 审查是否符合再审条件

当事人申请再审，应当说明理由并提出具体的再审主张。法院在收到当事人提出的再审申请后，首先审查再审是否符合法律规定的条件，不符合条件的，裁定驳回再审申请；符合条件的，裁定开始再审。当事人对法院驳回再审申请和确定开始再审的裁定不服的，可以向上一级法院提出抗告。法院驳回再审申请的裁定生效后，当事人不得再次以同一事由提起再审。

2. 审理具体的诉讼请求

法院在当事人再审主张的范围内进行审理，原来的判决中当事人没有申请再审的内容继续有效。法院经过审理，认为原判决适当的，应当驳回再审的诉讼请求；认为原判决不当的，应当在当事人申请的范围内撤销原判决，并重新作出判决。再审改变原判决，当事人对该再审的判决不服的，可以再审中出现的新的再审事由，提起新的再审申请。由于法律规定被驳回的事由不得再提起再审，因此再再审不多见。

提起再审的，原确定判决一般不停止执行。法院对再审案件作出终局判决前，可以根据当事人的申请，中止或者撤销对原确定判决的执行。

（六）可以准用再审的裁定、命令

日本民事诉讼法规定了抗告制度。抗告是指当事人对法院的裁定和命令向上级法院提出不服申请。抗告分为普通抗告和即时抗告，普通抗告是指当事人不受期间的限制，随时可以提出的抗告；即时抗告是指为了迅速解决纠纷，法律规定当事人对法院的某些裁定和命令不服的，必须在1周的不变期间内提出抗告。根据日本民事诉讼法的规定，当事人可以提出即时抗告的裁定、命令包括：法院作出的关于移送管辖、回避、第三人参加诉讼、诉讼费分担、提供或者撤销担保、诉讼救助、对拒绝出庭作证的证人的处罚等裁定或者命令等。

根据日本民事诉讼法第349条的规定，可以被提出即时抗告的裁定、命令发生效力后，当事人可以准用民事诉讼法关于再审的规定，对这些确定的裁定、命令依法申请再审。

日本民事诉讼再审的有关情况[*]

一、再审的意义

再审,是对于法院已经确定的终局判决提出的特殊不服请求,其目的在于撤销原判决、对该案件再次审理。当事人提出进行再审的诉讼即为再审之诉。

对生效判决进行再审有可能因法律关系的不确定而损害当事人的利益,不能达到诉讼制度的目的。但是如果在判决存在重大瑕疵的情形下,仍承认该判决的效力,也会违反正义,损害当事人对审判的依赖和期待。为了协调这种矛盾,日本民事诉讼法规定了再审制度,其目的主要在于救济因败诉产生不利的当事人。对此,日本民事诉讼法第338条第1款规定,对于确定的终局判决,可以以再审之诉提出异议。

二、再审事由与条件

(一)再审事由

再审事由,是指可以提起再审的原因或者根据。日本民事诉讼法第338条第1款对再审事由作了规定,包括诉讼程序有瑕疵、作为判决基础的诉讼材料以及判决本身具有重大瑕疵等三类:

1. 没有依照法律规定组成作出判决的法院的;
2. 根据法律规定不能参与判决的法官参与判决的;
3. 对法定代理权、诉讼代理权或代理人所为诉讼行为欠缺必要授权的;

---

[*] 节选自全国人大常委会法制工作委员会民法室编:《民事诉讼法:立法背景与观点全集》,法律出版社2012年版。

4. 参与判决法官，犯有与案件有关职务上的犯罪的；

5. 依据他人在刑事上应处罚的行为而自认或妨碍提出可以影响判决的攻击或防御方法的；

6. 作为判决证据的文书或其他物件，是经过伪造或变造的；

7. 以证人、鉴定人、翻译或经宣誓的当事人或法定代理人的虚伪陈述作为判决的证据的；

8. 作为判决基础的民事或刑事判决及其他的裁判或行为处分，根据其后的裁判或行政处分而变更的；

9. 对于能影响判决的重要的事项遗漏判断的；

10. 提出异议的判决，与此之前确定的判决相抵触的。

日本民事诉讼法第338条第1款对再审事由还作了限制性规定，即当事人已经以控诉或上告主张上述事由或明知有这些事由而不主张的，不得提起再审。因为再审属于紧急状态下的诉讼程序，可以通过上诉解决的案件尽量采用正常的上诉程序解决。根据该条第2款规定，在具有上述第4项到第7项所列事由的情况下，限于对应处罚行为的有罪判决或罚金的裁判已经确定时，或者因证据不足以外的理由不能作出有罪的确定判决或罚款的确定裁判时，可以提起再审之诉。第3款规定，在控诉审已经对案件作出本案判决时，不得对第一审的判决提起再审之诉。即如果上级审法院已经对原一审判决改判或维持的，不得对一审判决提起再审，只能对控诉审判决提起再审。

据日本民事诉讼法专家介绍，违反管辖、质证程序违法以及判决作出后发现新的证据均不能作为再审事由。

（二）再审条件

根据日本民事诉讼法的规定，再审之诉必须符合如下条件：

第一，属于再审案件的范围。再审只能对已经确定的终局判决提出，并要符合民事诉讼法第338条关于再审事由的规定。

第二，符合再审期间的规定。日本民事诉讼法第342条规定，再审之诉，当事人应当在判决被确定之后，得知再审事由之日起30日不变期间内提起。判决确定之日起经过5年时，不得提起再审之诉。规定提起再审的期限，在于防止出现生效判决经过很长时间仍存在被推翻的可能性，维护社会关系的稳定。但是，以法定代理权、诉讼代理权或代理人为诉讼行为欠缺必要授权，或者以提出异议的判决，与此之前确定的判决相抵触为理由提出再审之诉的，不适用前述期间的限制。

第三，当事人适格。日本法律规定，能够提起再审的当事人原则上只能是终局判决中败诉的当事人。

三、再审之诉的提起与管辖法院

（一）再审只能由当事人提起

再审，是当事人以诉讼程序存在重大瑕疵、或作为该判决基础之资料存在异常缺陷为由，针对确定的终局判决提起，要求撤销该判决并重新审判案件的紧急提出异议的方法。因此提起再审的主体只能是原判决的败诉当事人。

当事人提出再审诉状，应当包括的事项：

1. 当事人及法定代理人；
2. 有关提出异议的判决的表示以及对该判决再审请求的目的；
3. 不服的理由。

由于再审终究是当事人提起的对终局判决不服的申请方法，因此，不允许法院不依据当事人申请启动再审程序。

（二）法院发现判决有误时的处理

法院发现判决确有错误时可以依据日本民事诉讼法的规定变更或更正判决，然而在实务中更正或变更判决是极少的。

原则上法院不能撤回或变更已经宣告的判决。因为，如果终局判决不确定，那就无法发挥法院判决解决纠纷的机能。

1. 判决的更正

判决的更正，是对判决书的表达错误予以订正及补充，并非对判决的判断内容进行变更。日本民事诉讼法第257条第1款规定，判决如有误算、误记或其他类似明显的错误时，法院根据申请或依职权，随时可以作出更正裁定。根据这一规定，作出判决的法院可以通过决定进行判决更正，也可以依申请或依职权随时进行更正；即使在提起上诉后，甚至判决确定后，也可以进行更正。

2. 判决的变更

判决的变更，是指作出判决之法院自身发觉判决违反法令时，对该判决内容予以变更的情形。当判决存在必定要被上诉审撤销的瑕疵时，与其等到上诉审进行纠正,毋宁在不侵害法的安全性的前提下进行纠正。日本民事诉讼法第 256 条第 1 款规定,当法院发现判决有违反法律时,限于宣判之后 1 周内,可以变更判决。但是,判决已确定或者为变更判决而对案件有必要进行重新的辩论时,则不在此限。

根据法院规定,满足以下要件时,可以变更判决:(1)判决违反法令;(2)判决宣告后一周以内(判决确定后即使在此期间内也不允许);(3)变更判决时无须进行口头辩论。

(三)管辖法院

日本民事诉讼法第 340 条规定,再审之诉专属于作出有关提出异议的判决的法院管辖。对于不同审级的法院对同一案件作出判决的再审之诉,由上级法院合并管辖。

规定再审之诉由作出终局生效判决的法院管辖的立法考虑是:再审之诉是对终局判决不服的申请,形式上与已经终了的前诉讼是另外的独立诉讼,但是,如果再审事由获得认可,将对前诉讼的案件重新进行审理,这样,再审之诉与前诉讼在内容上会有很深的相互关联。例如,前诉讼中提出的诉讼资料中与再审事由的瑕疵没有关系的内容完全可以利用;前诉讼程序只要不带有再审事由的瑕疵,也是完全具有效力的。为了适当且迅速地处理再审诉讼,由作出原终局判决的法院管辖是最为恰当的,因此,日本法律规定,再审之诉属于作出终局判决的法院专属管辖。

四、原判决的效力

提起再审之诉时,原判决已经确定,不发生提起控诉审、上告审时被认可的那样防止确定原判决的效力。因此,并不当然地产生阻止原终局判决的执行力,当事人可以在再审作出新的判决前申请原终局判决的执行。不过,法院在作出终局判决前,如果执行会产生无法赔偿的损害的,可以根据申请,在严格的要件下,就原终局判决的强制执行作出停止或撤销的命令。

当事人提起再审后,产生的另一法律后果是诉讼时效中断。

五、再审的审理与判决

再审的审理分为两个阶段:

一是对再审事由是否存在的审理。根据日本民事诉讼法第 345 条的规定，进行审理后，在没有再审事由的情况下，应当裁定驳回再审的请求。对以没有再审事由而驳回再审请求的，不允许当事人以同一再审理由再次提起再审诉讼。但是，当事人可以对驳回再审请求的裁定提起即时抗告。

法院对再审诉状审查后，认为符合法律规定，应当进行审理。再审的范围限于再审诉状所记载的再审事由。当事人提起再审之诉后，在法定期间内，可以追加再审事由。

二是再审案件的审理。根据日本民事诉讼法第346条的规定，再审理由成立时，在询问对方当事人的基础上，法院作出再审开始的决定，并在当事人诉讼请求的范围限度内对本案进行审理。原诉讼是一审的按一审程序审理，可以上诉；原诉讼是二审的按二审程序审理。对于案件的审理结果，根据日本民事诉讼法第346的规定，如果查明原判决认定事实错误或者适用法律不当时，应撤销原判决后作出新的判决。如果经审理后，判决的内容没有错误，即法院认为判决正当时，应当驳回再审的请求。

对法院以无再审事由为由驳回再审请求的决定，当事人不能以同一事由再次提起再审之诉。但是，对同一个终局判决当事人可以以法定的不同事由申请再审。

六、对已生效的解除婚姻关系判决的再审

日本民事诉讼法中，没有关于禁止对解除婚姻关系的判决申请再审的规定。当事人对已生效的解除婚姻关系判决也可以申请再审。受理这种再审申请的法院与受理再审申请的其他案件相同，首先判断是否存在再审事由，如果存在再审事由，则进入案件的再审审理。若原判决不当，应撤销原判决，重新作出裁判。

原判决被撤销，原来的婚姻关系即恢复。此时，如果夫妻关系确已破裂，当事人可以以协议的方式离婚，或者是以夫妻关系破裂、难以维持婚姻为由提起离婚诉讼。

当事人对已生效的解除婚姻关系判决提出再审之诉后，法院经审查认为存在再审事由而作出开始再审的决定时，如果存在有一方当事人已经结成新的婚姻，或此时夫妻关系确已破裂等情形，法院认为原离婚判决在结论上是正当的，则驳回再审请求。

法国的强制执行和最高法院的再审制度[*]

2011年6月25日至30日,受法国国家执达员协会邀请,全国人大常委会法工委民法室有关同志随最高人民法院执行局赴法国考察强制执行司法制度,在法期间与法国国家执达员协会、法国最高法院、昂热上诉法院、巴黎大审法院、法国司法部民事与国玺部和巴黎第二大学的相关人员进行了交流,走访了巴黎和昂热的两个执达员事务所。现将情况简报如下:
……

二、关于最高法院的再审

最高法院Cour de cassation按字面翻译应为"撤销法院",是法国司法裁判体系中级别最高的法院,最高法院的根本宗旨在于统一判例与确保全国范围内法律解释的一致,最高法院并不是小审、大审法院和上诉法院之上的第三级法院,其根本目的并不是要对事实作出裁判,而是在事实问题已经被查清楚基础上的有关判决中,判断法律是否得到了正确的适用,它审理的是法官的判决结果,评判这些法官是否就所诉案件和问题正确地适用了法律。

最高法院专门受理申诉案件,申请再审的案件一旦被最高法院认定为法律适用有误,原判决即被撤销(或称打碎),必须因最高法院的撤销判决而重审。

(一)最高法院的组织机构及人员配置

最高法院由民事一庭、民事二庭、民事三庭、商事财经法庭、社会法

---

[*] 节选自全国人大常委会法制工作委员会民法室编:《民事诉讼法:立法背景与观点全集》,法律出版社2012年版。

庭及刑事法庭 6 个庭组成，每个庭各设庭长一名。最高法院的法官包括首席院长、各庭庭长、法官、助理法官，全院共有法官 120 名，另有 35 人预备委任为上诉法院院长以及巴黎大审法院院长，助理法官 70 名。最高法院办公厅由院长、各庭庭长、总检察长以及检察长组成，书记处负责管理法院的行政事务，由院长领导下的总书记员负责；检察总署由总检察长领导，7 名首席检察官，另有 33 名检察官和 5 名助理检察官，检察总署有自己独立的总务办公室，由 1 名总书记员领导工作。

（二）最高法院的再审程序

民事案件的申诉，自终审判决送达之日起两个月内（法律另有规定的除外），通过最高法院律师（总数为 97 人）向最高法院书记处提出，提出再审申诉的当事人必须证实该判决违背法律规定，最高法院不审查事实。申诉在最高法院书记处登记后，应提交申诉状，申诉状要列明被申诉判决应被撤销的法律观点和相应的支持理由，被申诉人可以提出答辩状，原则上，民事申诉状的提交期为 4 个月，答辩状提交期申诉状送达之日起 2 个月，根据管辖规定，案件分送到最高法院的 6 个法庭之一，或混合庭甚至院审判合议庭，指定一名法官作为报告法官。申诉案件从受理到作出判决的审理期限为平均为 13 个月。但如果案件涉及宪法适用问题，则必须在 3 个月内定性，或在 3 个月内作出决定转宪法委员会。

到最高法院的申诉审查案件比例很大，占全部案件的 30% 左右，2010 年最高法院受理申请再审案件 36000 件，其中刑事案件占 1/3。

最高法院审理再审申诉案件一律书面审，如果申诉不成立或依据不足，可以通过便捷的不予受理程序迅速结案，2001 年以前由立案庭负责，现在每个法庭内都有 3 名非专任法官组成的法庭裁决申诉。不予受理的决定无须说明理由。

进入审理的申诉案件要有一定的法律意义，如果案件的裁决结果明确（驳回、撤销、不予受理），法庭由 3 名法官组成；否则由至少 5 名有表决权的法官组成审判庭审理；如果该案的判决结果可能会推翻在先的判例或必须对敏感问题作出裁决，经庭长决定，该庭全体人员都必须参加某一案件的审理；最高法院还包括临时性的审判庭，即"院审判合议庭"和"混合庭"。

"院审判合议庭"由各庭庭长、首席法官及一名普通法官组成，共 19

人,当案件涉及法律原则问题或总检察长在合议之前提出相应主张时,由院长或受案庭长决定是否需要组成"院审判合议庭",如果原判决已经被最高法院撤销,重审后的新判决基于同样的理由被申诉,则必须采用"院审判合议庭",可径行判决(较少),也可作出决定由上诉法院再审,下级法院再审的法律依据必须与最高法院的决定保持一致。

"混合庭"由3个以上的法庭派员组成,每个庭派4名法官(庭长、首席法官与两名普通法官),如果案件同时涉及几个法庭管辖内的问题,或所涉及的法庭已经或可能得出不同的判决结果,或申诉案件在合议时出现分歧未能形成多数,或总检察长在合议之前提出相应主张时,则必须采用"混合庭"的形式审理,混合庭在于解决法庭之间在判例上产生的分歧。

无论是"院审判庭"还是"混合庭"都由首席院长或相关庭资格最老的庭长主持。每一件进入再审审理的案件,都由庭长指定为报告员的法官准备书面报告,同时还有一份简评及一份或多份判决草案,要对案件由哪种形式的法庭审理提出建议。案件合议时,由报告法官口述自己的工作要点并陈述自己的观点,然后按照首席法官、资历深浅法官的顺序依次发言,庭长作最后陈述,当庭形成判决书,判决结果必须经投票得到大多数同意。

如果判决被最高法院撤销,无论是全部撤销还是部分撤销,则会将案件发回到与原判决法院同级的法院,或由原判决法院另行组成的合议庭重新审理,一般情况下重新审理的案件均会根据最高法院的决定改判。

申请再审不中止生效判决、裁定的执行,债务人提起再审申请的,必须在债务履行完毕后才能进入再审审理,否则不予审理,但有关人身的离婚、亲子等案件可以申请中止执行。

韩国民事诉讼法的有关情况*

2008年10月30日至11月4日，应韩国国会法制局邀请，法工委办公室与民法室组团赴韩国考察民事诉讼法律制度。现将韩国民事诉讼法的有关情况简报如下：

……

五、再审制度

韩国民事诉讼法规定，当事人对生效裁判不服的，应当自知道再审事由之日起30天内向作出生效裁判的法院提出再审申请。

韩国民事诉讼法规定了下列再审事由：一是没有依法开庭的；二是应当回避的法官没有回避的；三是没有被授予代理权的人参与了诉讼的；四是审判人员在审判过程中有犯罪行为的；五是判决据以认定事实的证据是伪造的；六是证人证言是虚假的；七是作为判决依据的公文书被改变的；八是没有考虑对裁判具有重要影响事项的；九是该判决违背以前生效判决的；十是当事人因为居住地改变而未能得到有关裁判信息的等。

但据韩国大法院的法官介绍，在审判实践中，启动再审程序的一般只有证人证言是虚假的以及判决据以认定事实的证据是伪造的这两项事由。经地方法院再审过的案件，还存在法定再审事由的，当事人可以继续向高等法院提出再审申请。如果案件经过大法院再审后，仍然存在法定再审事由的，当事人可以再次依次向地方法院、高等法院、大法院提出再审申请。再审只能由民事诉讼中的当事人提出，没有其他途径启动再审。

---

* 节选自全国人大常委会法制工作委员会民法室编：《民事诉讼法：立法背景与观点全集》，法律出版社2012年版。

《审判监督指导》改版及约稿通知

为进一步提升《审判监督指导》丛书质量,权威呈现全国法院审判监督工作经验和业务成果,《审判监督指导》丛书改版并设置品牌栏目,包括"专题研讨""发改分析""裁判规则总结""类案要旨精粹""案例评注""裁判文书选登""学术交流""实务调研""域外法治""法官答疑"等,特在此广泛征集各类与审判监督业务相关的稿件:

【专题研讨】栏目围绕审监工作的难点、热点问题,以专题形式收集案件评析、理论文章和调研报告等稿件。2016年度确定的专题有申请再审审查新证据的认定、以物抵债裁判规则探讨、类案识别与统一裁判规则方法、检察监督特别是再审庭审模式制度的构建或者办理再审检察监督案件的研讨等。

【裁判规则总结】栏目刊登地方法院审判监督(减刑假释)工作部门经过本院审判委员会讨论或者庭室法官会议讨论形成的针对某类案件,具有统一裁判尺度功能的规则,或者是本院审监工作部门调研组针对某类案裁判规则总结的调研成果。稿件编报时应当逐条或者整体说明制定的目的和作用。

【类案要旨精粹】栏目编报稿件形式为"裁判要点+简要案情"。来稿案件所涉法律问题应具有一定的指导价值。编报格式首先写明裁判要点以及裁判要点形成的理由。裁判原则上应归纳为一个自然段,是整个案例要点的概要表述。有两个以上裁判要点的,按照裁判要点的重要性或者逻辑关系用阿拉伯数字顺序号分段标示。裁判要点原则上直接摘录裁判文书中具有典型意义的段落,也可以对其进行提炼和概括。简要案情部分主要包括:

(1)"基本案情":一般首先准确概括诉辩核心意见,然后叙述案件审理经过,再叙述与裁判要点有关的案件事实,不要照搬裁判文书的全部内容。

(2)"原审裁判情况":一般概括原审法院对裁判要点进行论的裁判理由。

(3)"本院裁判理由及结果":一般概括本院对裁判要点有论述的裁判

理由。

稿件字数以 1000~2000 字为宜。鼓励编报同类纠纷案件的多条裁判要点。来稿请附正式用印的裁判文书，注明文书制作者和裁判要点编写者。

【案例评注】栏目编报案例写作格式包括"再审裁判思维""当事人简况""基本案情""原审裁判情况""抗诉理由""本院裁判理由及裁判结果"。

（1）"再审裁判思路"：重点叙述审查（审理）报告或者评议笔录中的法理内容（争议问题和观点）。申请再审审查案例应说明驳回再审申请（或者提审）的关键原因，再审判决案例应指明维持或者改判的关键原因。

（2）"当事人简况"：写明当事人名称，无须注明当事人身份信息及委托代理情况。

（3）"基本案情""原审裁判情况""抗诉理由""本院裁判理由及裁判结果"的写作要求与"裁判要旨精粹"栏目相同。

（4）"评注意见"：主要针对案件当中的争点问题，阐述分析意见。

稿件字数以 5000~10000 字为宜。来稿请附正式用印的裁判文书，注明文书制作者和裁判要点编写者。

【学术交流】栏目刊登审监工作理论研究类稿件，提倡对再审理念、再审裁判方法以及审判中遇到的新型疑难复杂，裁判观点不统一的问题，通过国内外立法例、理论观点比较，梳理不同审判业务部门裁判观点等角度进行研究。每篇文章字数以 5000~10000 字为宜。

【实务研讨】栏目侧重刊登与审判监督（减刑假释）工作的各项业务相关的研讨文章，经验总结和调研报告等，为各地法院审监业务的信息共享、经验借鉴提供交流园地。来稿应注重实务导向，鼓励针对审监工作中的共性问题。每篇文章字数以 5000~10000 字为宜。

【发改分析】栏目刊登全国各地法院与审判监督（减刑假释）工作部门针对本地区再审案件或者原审裁判案件存在问题的总结和分析，鼓励稿件从内容上和形式上进行创新，使之更加符合审监工作的特点和发挥依法纠错、倒逼防错、统一裁判尺度等审监职能作用。稿件字数以 10000 字以内为宜。

【法官答疑】栏目侧重收集各级法院审理再审案件中的典型、疑难，具有一定指导意义的法律问题。由各省高级人民法院审判监督（减刑假释）工作部门指定通讯员负责收集和编写疑难问题。编写格式首先明确需要解答的问题,并说明不同观点和问题产生的原因。稿件字数以 500 字以内为宜。

确定各高级人民法院审判监督(减刑假释)工作庭室的庭长为《审判监督指导》编辑委员会委员。编辑委员会委员应高度重视稿件编报工作,将稿件编报工作纳入日常审监管理工作当中。编辑委员会下设《审判监督指导》编辑部,负责联系全国法院审判监督(减刑假释)工作部门通讯编辑人员,指导编排和收集稿件。各级法院审监通讯编辑员应及时联系最高人民法院审判监督庭编辑工作人员,积极了解编报要求和报送稿件,共同办好《审判监督指导》。

同时,欢迎学术界的理论研究工作者对审判监督工作贡献宝贵的理论研究成果。

来稿请寄:最高人民法院审判监督庭《审判监督指导》编辑部(邮编100745),并将电子版发至:shenjianzhidao@163.com,并注明作者的姓名、单位、职务、电话和通讯地址。

最高人民法院审判监督庭
《审判监督指导》编辑部